Regine Sonnleitner
Halt‘s Maul, Paul

Regine Sonnleitner

nach einer Idee von Holger Brandenburg

Halt‘s Maul, Paul

Rediroma-Verlag

Bibliografische Information der Deutschen Nationalbibliothek:
Die Deutsche Nationalbibliothek verzeichnet diese Publikation in der Deutschen Nationalbibliografie; detaillierte bibliografische Daten sind im Internet über http://portal.dnb.de abrufbar.

ISBN 978-3-98527-507-6

Illustrationen: Sinah Pellerei

www.rediroma-verlag.de
12,95 Euro (D)

Inhaltsverzeichnis

REGINE SONNLEITNER
HALT`S MAUL
PAUL
VOLL
KRASS
EY

Jawumbaba (1)

„Jawumbaba, jawumbaba, heute bin ich fröhlich, so fröhlich, so fröhlich! ... Wenn ich nur wüsste, wo ich lang muss."

Vor sich hin brummelnd schlurfte Paul über das große Stoppelfeld. Plötzlich stolperte er und flog direkt auf seine Nase. „Menno, wer hat denn hier mitten im Feld einen Erdhügel ausgehoben?" Er rieb sich die Nase, rappelte sich hoch und schlich vorsichtig, immer auf den Boden sehend, weiter und sang leise: „Jawumbaba, jawumbaba … heute bin ich fröhlich, so fröhlich … Au! Das gibt's doch nicht!" Schon wieder war er gegen irgendein komisches Ding gelaufen, mitten im freien Feld. Paul hüpfte zurück und sah immer weiter nach oben. „Ey, voll krass. Guten Tag. Wer bist du und warum stehst du mitten im Weg?"

Es blieb still. Unter zusammengekniffenen Augen musterte Paul dieses Ding. Es sah etwas wie ein Mensch aus und doch wieder nicht. Ein Schlapphut bedeckte den Kopf und die Arme hatte es weit ausgestreckt. Er trug einen alten Kittel. Darunter hervor sah man Stroh hängen.

„Huhu, kannst du nicht reden? Naja es gibt Menschen, die nicht reden können. Kein Problem. Reicht, wenn ich rede. Hat auch Vorteile. Doch jetzt mal ehrlich, du solltest dringend in die Kleiderkammer gehen. Da geht Henry auch immer hin und der ist viel besser gekleidet als du. Deine Kleidung wäre nicht mal für eine Vogelscheuche gut. Bist du auch obdachlos?" Grübelnd sah er empor, dann schlug er sich die Hand vor die Augen. „Menno, bin ich verwirrt. Ey, voll krass. Du bist eine Vogelscheuche. Klar, du bist gekleidet wie eine Vogelscheuche und du stehst mitten auf dem Feld. Also bist du eine Vogelscheuche. Dass ich das nicht früher erkannt habe … Mensch, man soll wirklich mehr hinschauen, dann erkennt man auch, wer vor einen steht. Wie ist es so, eine Vogelscheuche zu sein? Ach so, stimmt ja – du redest nicht. Weißt du, ich finde das voll cool. Denn viele sagen immer, ich rede zu viel, und dann sagen sie, halt's Maul, Paul. Doch eigentlich rede ich nicht zu viel und ganz ehrlich, wie soll ich denn etwas sagen, wenn ich nicht reden darf? Voller Blödsinn.“ Paul legte sich vor der Vogelscheuche auf seinen Rücken, steckte alle Viere von sich und sah empor. Am Himmel zogen Wolken vorbei und ganz sachte bewegten sie die einzelnen Strohhalme, die unter der Kleidung der Vogelscheuche hervor sahen. Er seufzte tief. „Also, eigentlich bin ich fröhlich, naja, eigentlich. Ok, ich gebe es zu, ich glaub, ich habe mich verlaufen. Mein Problem ist, ich finde Henry nicht. Jetzt bin ich da und du kannst mir auch nicht helfen – oder doch?“ Paul zog die Stirn kraus. „Weißt du was? Ich habe Zeit, bis ich finde, was ich suche, also dann kann ich dich auch vollquatschen. Hey – magst du meine Geschichte hören? Eine voll krasse Zeit liegt hinter mir. Menno, was war die aufregend und wild. Wirklich voll megafantastischgenial. Jedenfalls ab und an auch einmal traurig und tränenreich. Doch wir haben immer einen Grund zum Lachen gefunden.“

Paul räusperte sich kurz und hob die Arme in die Luft. „Ok, ok – ich gebe es zu, ich bin chaotisch und … ja, ich rede zu viel. Wie auch immer, ich bin etwas Besonderes. Doch pass auf, bilde dir deine eigene Meinung – ich erzähle dir meine Geschichte ganz vom Anfang …"

Paul dachte weit zurück. „Also, da war die Eiszeit." Er kicherte los. „Hi, hi – reingefallen!" Vor sich her grinsend quatschte er weiter. „Ok, die Dinos waren schon lange ausgestorben." Er prustete wieder los. „Ok, lassen wir die Dinos, die liegen etwas weit zurück. Fangen wir – ja, genau - da fangen wir an …"

Wurzeltage

Ein tiefer Seufzer entschlüpfte Paul, als er sich an seine Kindheit erinnerte. Er sah sie noch alle vor sich – seine Familie. Sie wohnten alle zusammen in einer Unterkunft. Es war nicht gerade die schönste Gegend. Man könnte sie etwas in die Jahre gekommen nennen, doch das war egal. Seine Eltern mussten für viele Kinder sorgen und so blieb das Drumherum auf der Strecke. Seine Geschwister waren der blanke Horror für Paul. Davon abgesehen war Paul der Jüngste. Seine Mama schüttelte immer mit dem Kopf, wenn sie ihn sah. Er hatte eine ungewöhnliche Musterung mit weißen und schwarzen Flecken. Sein Vater dagegen schmunzelte nur darüber und meinte, er sei eben besonders. Man konnte es sehen, wie man wollte, doch dies machte Paul auch zum Außenseiter. Eines Tages kam sein Vater nicht mehr nach Hause. Er hatte sich wohl aus den Staub gemacht. Seine Geschwister waren nervig und immer zusammen unterwegs. Nie durfte er mitgehen. Doch Paul fand andere Dinge, die er sich ansah. Seine Geschwister waren einfach zu laut und zu doof. Sie zogen Paul auf, weil er zu viel quatschte und immer wieder riefen sie: „Halt‘s Maul, Paul.“ … obwohl er gar nicht Paul hieß. Doch irgendwie nannten sie ihn immer nur Paul und mittlerweile konnte er sich an seinen richtigen Namen gar nicht mehr erinnern. Es faszinierte ihn alles, was er sah, und er wäre gerne losgelaufen und hätte die Welt erforscht. Eines Tages gab es einen großen Sturm. Paul war unterwegs und musste sich einen Unterschlupf suchen, bevor er nach Hause gehen konnte. Es war gruselig, wie der Wind heulte und die Sturmböen durch die Stadt fegten. Er hatte sich in einem alten Haus versteckt und draußen hörte er Bäume krachen und viele unheimliche Geräusche. Als der Sturm vorübergezogen war, krabbelte er hinaus. Viele Bäume waren umgefallen und überall lagen Dinge im Weg, die der Wind herbeigeweht hatte. Er bahnte sich seinen Weg unter der Brücke hindurch, die zu seinem Zuhause führte. Er merkte sofort, dass etwas anders war. Normalerweise hörte er schon seine Geschwister, die sich kabbelten und herumschrien. Doch an diesem Tag empfing Paul eine gruselige Stille. Er atmete tief durch und ging langsam weiter. Es roch nach Müll und Verdorbenem. Vorsichtig schaute er sich um. Sein Zuhause lag in einem großen Haufen von Schutt vor ihm. Sträucher, Äste und Müll lagen darüber. Sein Heim gab es nicht mehr. Er rief nach seiner Familie, doch niemand antwortete. Er erkannte, dass alle weg waren. Bestimmt sind sie auf der Suche nach etwas Neuem oder sie haben bei Freunden Unterschlupf gefunden, dachte er. Ab und zu hörte man ein Knacken, jedoch sonst meldete sich nicht einmal ein Vogel zu Wort. Er überlegte laut vor sich hin: „Was soll ich jetzt bloß tun? Wo sind sie alle hin?“ Traurig saß er vor seinem ehemaligen Zuhause, dann seufzte er tief auf. „Ach, was soll‘s. Hier warten kann ich nicht. Ich werde mich auf die Suche machen. Vielleicht finde ich meine Familie wieder.“

Paul stand auf. Noch ein letztes Mal rief er nach seiner Familie – lauschte – doch niemand antwortete ihm, dann lief er los.

Ein Freund fürs Leben

Er lief und lief. Vorbei an umgefallenen Bäumen, kaputten Häusern und raus aus der Stadt. Über Felder und durch Wälder. Die Sonne ging auf und wieder unter und wieder auf, als er Hunger verspürte. Die ersten Häuser einer kleinen Stadt erschienen vor ihm und er roch den Duft von Essen überall. Sein Magen knurrte. Doch wo sollte er etwas finden? Hell erstrahlten die Schaufenster der Geschäfte und Restaurants. In einer Seitengasse brachte gerade ein Mann den Müll raus. Große Tonnen standen dafür bereit. Angezogen von dem Geruch, wagte er sich näher heran. Als der Mann gegangen war, durchwühlte er die Reste der Tonne und machte sich gütlich über ein Stück Pizza her. Auch Reste von Nudeln mit pikanter Soße ließ er sich munden. Er murmelte mit vollem Mund vor sich hin. „Warum wird gutes Essen weggeschmissen? Es gibt doch viele, die sich über Reste freuen würden, doch für mich ist es sehr gut.“

Es war für Paul ein Festmahl. Doch essen machte müde und er schaute sich nach einem lauschigen Plätzchen um, an dem er gefahrlos schlafen konnte. Zwischen den Mülltonnen sah er etwas Kuscheliges auf dem Boden liegen. „Ja, genau das war es“, dachte er flüsternd vor sich hin. „Hier werde ich schlafen und Kraft schöpfen.“ Er flitzte zu der am Boden liegenden Decke. Sie war etwas schmuddelig, doch das störte ihn nicht. Paul kuschelte sich hinein und schloss die Augen. Eine Träne lief aus seinen Augen, doch ein kleines Lächeln stahl sich dazwischen, als er in tiefen Schlummer versank.

Eine Stimme weckte Paul auf. Er reckte sich, gähnte herzhaft und lauschte.

„Keiner sieht mich, als wäre ich unsichtbar. Auch wenn ich hier zwischen den Mülltonnen liege, ich bin doch ein Mensch.“ Die Worte klangen sehr traurig und hoffnungslos.

Paul krabbelte aus seinem Deckchen und sah einen Mann in zerschlissener Kleidung vor sich sitzen. Er zitterte und seine Hände waren dreckig. „Guten Morgen, ich bin Paul. Warum sitzt du zwischen den Mülltonnen und bist traurig?"

Der Mann schaute sich um, sah aber niemanden. Er brummelte vor sich. „Jetzt höre ich schon Stimmen, wo keine sind."

Paul schaute ganz verblüfft. „Ich bin doch nicht unsichtbar?"

Der Mann rieb sich die Augen und schaute in alle Richtungen. „Also ich sehe niemanden, ich höre nur eine Stimme." Er räusperte sich. „Doch wir können uns gerne unterhalten. Mit mir redet sonst niemand und Selbstgespräche sind schön, doch ab und an würde ich gerne eine Antwort bekommen."

Paul schüttelt seinen Kopf. „Bist du blind? Also ich sehe und höre dich sehr gut."

Der Mann schnaubte. „Nein, ich bin nicht blind und wenn du mich veräppeln willst, dann bist du an der falschen Adresse. Ich bin obdachlos, aber nicht doof."

Paul stellte sich auf und präsentierte seine volle Größe. „Du schaust in die falsche Richtung. Schau hier nach unten. Ich bin kleiner als du und was heißt überhaupt obdachlos?"

Der Mann stutze und sein Blick senkte sich. Mit aufgerissenen Augen sprang er auf, riss die Decke mit und Paul flog in die Höhe. In einem riesen Salto, der fast cool gewesen wäre, landete Paul in einem Haufen Müll. „Au, pass doch auf!“, schrie er. Paul schüttelte sich und sah den Mann an, der voller Entsetzen auf ihn starrte. „Du … du … du …“, stotterte er.

Tief seufzte Paul auf. „Ja … ja …ja“, äffte er nach. Der Mann rieb seine Augen und blinzelte, dann zwickte er sich in den Arm. „Aua, das glaube ich nicht“, flüsterte er.

„Was, glaubst du nicht?“ Paul war irritiert. Hatte er nicht gerade gesagt, er ist obdachlos, jedoch nicht doof. Er hatte so seine Zweifel daran. „Du … du … du.“ Nochmal versuchte der Mann etwas zu sagen und brach wieder ab. „Waaaas?“ Paul reckte sich zu seiner vollen Größe auf und sagte: „Wenn du damit sagen willst, ich bin klein, dann kann ich dir sagen, dass ich eben noch nicht ausgewachsen bin.“

„Nein ... das ist es nicht. Also, du bist …“ Der Mann atmete lang aus, dann schrie er: „Eine Ratte!“

Paul schlug die Pfote gegen seinen Kopf. „Pssst…. Nicht so laut. Was ist daran falsch? Klar bin ich eine Ratte. Hast du nicht gerade gesagt, du bist nicht doof.“ Paul verstand nichts mehr.

Ein sehr hysterisches Stottern erklang. „Du … du bist eine Ratte … und … und … ich verstehe dich.“

Jetzt kreischte Paul los: „Waaaaasssss … du verstehst mich! Du bist ein Mensch, du kannst mich nicht verstehen!“

Der Mann gluckste vergnügt. „Hey cool, ich stehe hier und rede mit einer Ratte, die mich versteht und die ich verstehe. Ist es ein Wunder oder bin ich verrückt geworden?“ Er kicherte wieder. „Ich bin übrigens Henry.“

Paul sah Henry an und schwieg.

„Na, die Stimme verloren, kleiner Kerl?“

Paul schüttelte den Kopf. „Ne, doch ich denke nach.“

„Wow, eine Ratte, die denkt“, lachte Henry. „Du bist verrückt. Dich behalte ich, auch wenn du etwas viel wirres Zeug quatscht. Du siehst etwas komisch aus. Schwarzweiß gefleckt. Normal sind Ratten grau.“

Paul ließ sich auf die Decke nieder und sah Henry an. „Also, ich habe gerade festgestellt, dass ich dich auch verstehe, obwohl du ein Mensch bist. Das ist voll krass und nicht normal.“

Henry ließ sich neben ihm nieder. „Jetzt beruhigen wir uns von dem Schrecken und ich bin ein Mensch ohne Zuhause, man nennt uns Obdachlose.“

Paul sah ihn aus zusammengekniffenen Augen an. „Was ist ein Obdachloser? Du siehst aus wie ein Mensch. Riechst wie ein Mensch. Sprichst wie ein Mensch und denkst wie ein Mensch. Ok, letzteres habe ich gerade erst festgestellt.“

Henry seufzte. „Also, ich habe kein Zuhause, keine Wohnung und so. Deshalb nennt man uns obdachlos und oftmals werden wir gar nicht gesehen, als wären wir unsichtbar und viele Menschen haben böse Bezeichnungen für uns. Wie auch immer, für viele stehen wir ganz unten – noch unter dem Müll, den die Menschen täglich wegschmeißen."

Paul sah Henry entsetzt an. „Das ist voll daneben. Echt jetzt – das ist sehr gemein. Also für mich bist du ein Mensch. Auch wenn ich nicht verstehe, warum wir uns verstehen, verstehe ich die Menschen nicht, die dich nicht sehen und so nennen. Warum hast du kein Zuhause?"

Henry atmete tief. „Das ist eine lange Geschichte. Doch wenn du magst, erzähle ich sie dir gerne. Noch nie hat sich jemand dafür interessiert und wenn es nun eine Ratte tut, warum soll ich nicht die Chance ergreifen und sie erzählen?"

Zufrieden sah Paul zu Henry auf. „Dann erzähle sie mir."

Henry räusperte sich. „Also, ich wuchs im Getto auf."

„Was ist ein Getto?"

„Lass mich doch erzählen, dann erfährst du es. Also, ich wuchs im Getto auf. Dort wohnen überwiegend sozial schwache Menschen die wenig Geld haben und nicht viel zum Leben. Es ist oft dreckig und vieles ist alt und kaputt."

Paul unterbrach ihn wieder. „Hey, ich habe auch in so einem Getto gewohnt."

„Halt's Maul, Paul! Kannst du mich zu Ende erzählen lassen? Dann bist du dran."

Paul gluckste. „Boah, den Spruch kenn ich, den hat meine Familie auch immer zu mir gesagt."

Henry verdrehte die Augen und atmete tief durch. „Meine Mutter war alleinerziehend. Meinen Vater habe ich nicht gekannt. Sie versorgte uns, indem sie einige Jobs annahm. Jedoch machte sie es möglich, dass ich in die Schule konnte. Ich ging gerne dahin, denn ich träumte davon, später meine Mutter zu versorgen indem ich einen tollen Beruf ausübe. Doch schon in der Schule merkte ich, wie schwer es war. Die anderen Kinder mieden mich. Ich war eben der Junge aus dem Armenviertel. Man sah es mir an, denn ich hatte nur abgetragene Sachen, zwar sauber, aber älter. Keiner machte sich die Mühe, mich kennenzulernen. Meine Mutter sagte immer: ‚Es ist egal was ein Mensch für Kleidung trägt, wichtig ist, was er für ein Herz hat.' Doch das war den Schulkollegen egal, sie gingen nur nach dem Äußeren. Je besser einer gekleidet war, desto mehr wurde er geliebt. Mit mir wollte niemand spielen. Später dann schloss ich mich einer Gruppe von Jugendlichen an, die leider nur Diebstahl und Schlägereien im Sinn hatten. Mein Fehler, doch damals erschien es echt cool, zu jemandem zu gehören. Ich wurde wegen Diebstahl verhaftet und bekam zwei Jahre Jugendknast. Mein Bewährungshelfer legte sich ins Zeug und ich bekam eine Ausbildung zum Schreiner. Doch ich war vorbestraft und egal, wie gut meine Noten waren, ich war gekennzeichnet. Keiner wollte mir eine Stelle geben, wenn sie hörten, woher ich kam und dass ich im Gefängnis saß. Es spielte keine Rolle, dass ich ein guter Schreiner war. Dann wurde meine Mutter krank und sie kam in ein Pflegeheim. Von da an ging es nur noch bergab. Ich bekam keine Arbeit, konnte die Wohnung nicht halten und so landete ich eines Tages auf der Straße. Egal, wie sehr ich beteuerte, dass ich arbeiten kann, keiner wollte mir eine Chance geben. Vor allem, nachdem ich keine Wohnung mehr hatte und mir auch mein Ausweis gestohlen wurde. Denn man braucht eine Adresse, um einen Job zu bekommen und diese hatte ich nicht. Ich konnte schlecht ‚Zwischen den Mülltonnen 15‘ angeben. Tja, das ist nun zehn Jahre her und ich liege immer noch hier.“

Paul liefen die Tränen herab und er schaute Henry entsetzt an. „Das ist keine schöne Geschichte. Solche Vorurteile sind gemein. Sie hätten dir eine Chance geben müssen. Klar hast du Fehler gemacht, doch, ehrlich, wer macht keine Fehler im Leben. Dich nun hier liegen zu lassen, finde ich echt krass.“

Henry schnaubte. „Ach, mittlerweile kenn ich es nicht anders. Man wächst mit den Jahren hinein. Ich wüsste nicht mehr, wie es ist, in einer Wohnung zu leben, obwohl ich es gerne wieder möchte. So, und nun komm, gehen wir los.“ Henry stand auf, rollte seine Sachen zusammen und versteckte sie hinter den Tonnen. Paul beobachtete ihn interessiert. „Warum versteckst du deine Sachen?“

Henry sah zu Paul hinunter. „Diese Gasse ist dunkel und einsam. Nur hin und wieder kommen ein paar Anwohner und schmeißen ihren Müll in die Tonnen. Doch damit meine Sachen nicht versehendlich mit weggeschmissen werden oder sich jemand daran vergreift, verstecke ich sie.“ Er schnappte einen kleinen Beutel und sah auf Paul hinunter, der Henry fragend anschaute. „Möchtest du mitkommen und meine Welt kennenlernen?“

Paul sah vom Boden aus hoch. „Klar, wenn es da auch etwas zu futtern gibt?“

Henry bückte sich und ließ Paul in seine Jackentasche krabbeln. „Klaro, wenn wir Glück haben, legt mir jemand ein paar Cent in die Dose und dann spendiere ich dir was.“

Der Ort, der Hunger nimmt

Henry lief los durch die Straßen, in die Fußgängerzone. Es war nicht die Hauptstadt, eher ein Stadtteil. Kleine Geschäfte reihten sich aneinander und Essensdüfte zogen hindurch. Hier und da grüßte er einen Bekannten. Sogleich lugte Paul aus der Tasche. „Sag mal, du kennst doch viele Menschen? Warum geben sie dir keinen Job und keine Arbeit?“

„Paul, die, die ich grüße, sind alle wie ich. Sie haben genau so wenig eine Wohnung oder eine Arbeit.“

„Waaaas! Alle?“ Paul konnte es nicht fassen.

Henry sah ihn an. „Ja, leider. Sag, was bist du für eine Ratte? Ich habe noch nie eine Kanalratte mit so großen Ohren in schwarzweiß gesehen. Oder bist du eine entflohene Zuchtratte?“

Paul knurrte. „Ich bin doch keine Zuchtratte. Mein Papa sagte immer, ich bin etwas Besonderes. Man sagt auch außergewöhnlich dazu, es ist eben so, das macht mich doch jetzt nicht schlecht?“

Henry lächelte ihn an und ließ sich an einer Hauswand nieder. „Nein, ich finde, es macht dich zu einer besonderen Ratte. Wie es dein Vater schon sagte. Immerhin verstehe ich dich und du mich, das ist schon etwas total Magisches. Vielleicht ist gerade diese Zeichnung auf deinem Fell dafür verantwortlich."

Paul sah sich um und beobachtete die vielen Menschen, die hektisch an ihnen vorbeieilten. Wenige wagten einen Blick, doch niemand sagte Hallo. Er summte vor sich hin und schaute sich alles genau an. Es war irgendwie gruselig. Da saßen sie zusammen auf dem nackten Asphalt, mitten unter Menschen, und keiner sprach mit ihnen. Naja, einige schimpften und zeterten herum, dass Henry hier saß. Henry würde das Stadtbild verschandeln und so. An Henry ging das alles vorbei. Er achtete auf die wenigen Menschen, die auch ihn sahen und verstohlen ein Lächeln oder einen mitleidigen Blick in seine Richtung sendeten.

Plötzlich trat ein anderer Mann in sein Blickfeld. „Hallo Henry, immer noch auf Platte machen?"

„Hallo Fred, schön, dich zu sehen. Darf ich dir meinen neuen Freund vorstellen, das ist Paul, meine Hausratte.“

Fred schreckte zurück. „Sag, bist du jetzt verrückt geworden? Das Ungeziefer auch noch zu adoptieren.“

Henry kicherte, denn Paul grummelte vor sich hin. „Nee, doch man kann sich gut mit dieser Ratte unterhalten.“

Fred lachte. „Klar, die Ratte widerspricht nicht und gibt keine blöden Antworten. Da magst du wohl recht haben.“

Henry schüttelte den Kopf. „Vergiss alles, was du über Ratten weißt. Paul ist etwas Besonderes.“

Mittlerweile sang Paul ein Lied vor sich hin und lugte aus der Tasche.

Fred sah sich um. „Wer singt hier so falsch? Das ist ja grauenvoll.“

Henry musste lachen. „Siehste, das ist Paul, er ist eben musikalisch.“

Mit weit aufgerissenen Augen trat Fred näher und beugte sich zu Paul hinunter. Dann zeigte er mit einem dreckigen Finger auf ihn. „Du bist das? Hä, willst mich wohl veräppeln, Henry."

Paul streckte Fred die Zunge raus. „Nee, will er nicht und jetzt zisch ab."

Fred drehte sich um und ging kopfschüttelnd davon. „Der hat sie doch nicht alle. Will mir erzählen, dass er eine sprechende Ratte hat."

Paul und Henry lachten. Dann fragte Paul: „Was machen wir denn hier?"

„Wir bleiben hier sitzen und warten."

Paul stöhnte. „Auf was warten wir denn?"

„Darauf, dass uns jemand etwas in meinen Becher wirft, damit wir uns zu essen kaufen können."

Paul lugte in den Becher. „Es sieht uns doch niemand. Alle schauen sie in die andere Richtung. Vielleicht solltest du rufen oder ihnen ein Bein stellen."

Henry verdrehte die Augen. „Wow, hast du das auch schon festgestellt, dass keiner in unsere Richtung blickt? Wie schlau du doch bist."

„Menno, das ist voll langweilig. Ist das immer so?", fragte Paul genervt.

„Nee, manchmal werden wir angeschrien, beschimpft und verjagt", antwortete Henry.

„Ist voll blöde, ein Obdachloser zu sein. Im Grunde genommen bin ich auch obdachlos, denn einen festen Bau habe ich nicht mehr."

Henry stand auf. „Komm, wir gehen zur Suppenküche und schauen, was es dort zu essen gibt. Jedoch sage ich dir gleich eines. Bleib in meiner Tasche und komm nicht raus, sonst bekomme ich Hausverbot und darf dort nicht mehr rein. Ich nehme dir was zu futtern mit."

Paul verkroch sich tiefer in die Tasche des Mantels. Ganz unten befand sich ein kleines Loch, durch das er alles beobachten konnte. „Henry, was sollen wir in einer Puppenküche?"

„Es heißt Suppenküche und ist eine Organisation, die sich um bedürftige Menschen kümmert. Dort bekommen Menschen, die wie ich kein Zuhause und kein Geld haben, etwas zu essen."

Paul fragte weiter: „Also gehen wir jetzt in die Suppendingsbums und essen dort?"

„Genau, und es heißt Suppenküche", lachte Henry.

An der Suppenküche angekommen, roch Paul sogar durch den Stoff das Essen und sein Magen knurrte. Er belauschte die Gespräche. Henry wurde von vielen begrüßt und man fragte ihn, wie er sich fühlte. Dann stand eine Schüssel mit einer Suppe vor Henry und er fing an zu essen. Paul grummelte in der Tasche vor sich hin. „Echt jetzt? Du isst seelenruhig und mir knurrt hier drin der Magen. Sehen tue ich auch nix mehr. Na toll, das kann ja dauern. Doch ich könnte kurz raus blinzeln. Doch du hast gesagt, ich soll mich nicht zeigen. Was soll ich bloß machen?“

Plötzlich vernahm er eine Stimme. „Henry, du alter Haudegen, was grummelst du mit vollen Mund vor dich hin?“

„Ich hab nix gesagt, kein Wort, Steffen.“

„Doch haste, ich hab‘s doch gehört.“

Henry lauschte und Paul summte wieder mal. „Halt‘s Maul, Paul“, zischte Henry und zu Steffen sagte er: „Ach, manchmal rede ich, ohne es zu merken.“

Steffen nickte. „Ja, wir haben alle unsere Eigenarten. Na dann, mach‘s gut und viel Erfolg auf Platte.“

Aus der Tasche kam sofort die Frage: „Sag mal, was heißt das auf Platte eigentlich?“

Henry flüsterte. „Nichts anderes als auf dem Asphalt schlafen oder im Park, eben ohne eine feste Wohnung. Man nennt das auch Platte machen. Wahrscheinlich weil eine Platte eine harte Fläche ist und das sind unsere Schlafplätze auch.“

Paul grummelte: „Wäre es nicht schöner, in etwas Weichem zu schlafen?“

Henry zischte: „Klaro, nur wie du siehst, obdachlos, kein Geld, keine Arbeit, kein Dach über dem Kopf, also auch kein Bett. So, und nun frag nicht so viel, sonst wirst du noch entdeckt. Dein Gezappel macht mich nervös und lass das ständige Nuscheln sein. Die Leute denken schon, ich bin verrückt und rede mit mir selbst.“

Paul knurrte: „Ich nuschle nicht, ich denke.“

Henry kicherte los. „Wie, du denkst? Man denkt leise und in Gedanken und nicht mit offenem Maul und Stimme."

Paul verkroch sich tiefer in die Tasche und dachte laut vor sich hin.

„Halt's Maul, Paul", gluckste Henry.

Kaum zurück in der Gasse, bekam Paul ein Brötchen, das Henry in der Suppenküche für ihn eingesteckt hatte. Dann legten sie sich beide zwischen die Mülltonnen. Paul zitterte. „Das ist echt kalt heute Nacht."

Henry zog seinen Mantel aus und krüpfelte diesen zusammen, sodass die Tasche in den Falten verborgen war. Er hatte noch einen dicken Pulli darunter. „Schau, krabbel hier hinein, da ist es warm und du hast deinen eigenen Schlafplatz. Unter meinem Schlafsack will ich dich nicht haben, das geht dann doch zu weit."

Paul grummelte vor sich hin, schlüpfte in die Tasche des Mantels und rollte sich zusammen. „Weißt du, Henry. Es ist schön, nicht mehr allein zu sein." Mit einem Lächeln auf dem Schnäuzchen schlief er ein.

Klabustert

Paul kam sich vor wie auf einer Achterbahn, als er aus dem Schlaf gerissen wurde. Er kullerte in der Tasche rum und ihm war verdammt schwindelig. „Hey Henry, was ist los?! Geht's mal langsamer?!“

Das Schleudern endete abrupt. Er lauschte. „Hat hier jemand mit mir gesprochen?“, flüsterte eine Stimme. Paul rappelte sich hoch und blickte aus der Tasche. Doch was er sah, war nicht Henry, es war Fred. „Wo ist Henry? Warum hast du seinen Mantel?“

Fred schaute kichernd auf Paul hinab und schnappte ihn mit seiner dreckigen Hand. „Aua, hey, mach mich nicht kaputt.“

Höhnisch lachte Fred. „Hast wohl gedacht, ich hab‘s nicht geglaubt, dass du sprechen kannst? Ich hab euch beobachtet. Nee, dich verkaufe ich. Das bringt mir viel Geld ein und ich hab noch einen guten Mantel extra dazu.“ Er stopfte Paul zurück in die Tasche und hielt sie zu.

Paul konnte es nicht fassen. „Du kannst mich nicht verkaufen. Bring mich zurück zu Henry.“ Fred grunzte höhnisch. „Bestimmt nicht. Eine sprechende Ratte bringt viel Geld. Wäre doch verrückt, wenn ich sie laufen lassen würde.“

Paul fühlte sich wie im falschen Film. Endlich hatte er einen Freund gefunden und nun das. Er musste abwarten. Vielleicht gelang ihm die Flucht und dann konnte er zurück zu Henry eilen. Er schlummerte ein und als er erwachte und langsam die Augen öffnete, stutzte er und flüsterte:. „Wo bin ich hier? Sind das Gitterstäbe?“ Panisch sprang er auf und krallte sich in die Stäbe seines Gefängnisses. „Das darf nicht war sein!“ Er war in einen Käfig, der in einem Zimmer stand. Er schaute sich um. Es war wohlig warm. Irgendwo wummerte Musik und Essensdüfte zogen durch den Raum. „Schön und gut, wenigstens ist es sauber hier.“ Er rief laut: „Hallo, ist da wer?! Ich habe Hunger!“ Die Tür wurde aufgerissen und zwei Männer kamen herein. Sie unterhielten sich. „Da hast du dir was andrehen lassen, Herbert. Wie betrunken kann man denn sein, um zu glauben, dass diese Ratte sprechen kann?“

„Klaus, er klang überzeugend, doch dem habe ich Beine gemacht. Er wollte doch tatsächlich Geld von mir, dass ich ihm das Vieh abnehme. Soll glücklich darüber sein, dass er es los ist. Gabi holt der Ratte gerade was zu futtern. Vielleicht spricht sie, wenn sie satt ist.“

Paul rief: „Hey, könnt ihr mir verraten, warum ich hier eingesperrt bin?“ Er beobachtete die beiden argwöhnisch. Was war hier los? Es kam keine Reaktion, sie schienen ihn nicht verstanden zu haben. Hatte er das mit Henry nur geträumt? Frustriert ließ er sich auf den Boden des Käfigs plumpsen. Da saß er nun, gefangen hinter Gittern. Verstohlen sah er sich den Raum genauer an. Was er direkt feststellen konnte, war, dass er in einem Haus war, und es gab viele interessante Dinge. Vor den Fenstern hingen Gardinen und es standen Blumen auf dem Fensterbrett. Auf einem Tisch lag eine Tischdecke und überhaupt sah alles gemütlich aus. Es gab viele Schränke, in denen tolle Sachen lagen. Er sah nirgends Müll herumliegen. Besonders die Wärme, die hier herrschte, gefiel ihm. Mit einem lachenden Gesicht betrat Gabi den Raum und ging direkt auf seinen Käfig zu. „Na du kleine Ratte, hast du Hunger? Hier ist was zu knabbern für dich.“ Durch die Gitterstäbe schob Gabi ihm eine Hirsestange zu. Paul seufzte. „Na super, bin ich ein Vogel? Gibt’s hier nichts Vernünftiges zu essen?“ Er dachte an Henry. Was er wohl jetzt machte? Ob er ihn vermissen würde? Henry hatte ihn verstanden und hier herrschte Stille. Keiner konnte seine Worte hören. In seinem Käfig sitzend beobachtete er alles. Das Essen wurde aufgetragen und alle setzten sich an den Tisch. Es kamen noch mehr Menschen hinzu. Wow, was da alles auf dem Tisch stand … Paul konnte es nicht fassen. So viel Essen für so wenige Menschen. Es roch sehr verlockend und ihm lief das Wasser im Mund zusammen. Er dachte so bei sich, das wäre ein Paradies für Henry. Es wurde gegessen, gelacht und viel geredet. Doch es blieb auch sehr viel übrig. Nicht mal ihre Teller aßen sie leer. Paul beobachtete, wie die Reste von den Tellern in eine große Tonne geschmissen wurden. „Hey, nicht wegschmeißen, da draußen gibt es Henry, der hat auch Hunger.“ Er hüpfte in seinem Käfig auf und ab und konnte es nicht fassen, was er beobachtete. Vollkommen gedankenlos wurden die leckeren Reste weggeschmissen. Nicht mal für später aufgehoben, einfach weg. Er musste hier raus, das alles regte ihn auf und die Gitterstäbe engten ihn ein. Jetzt holten Klaus und Herbert auch noch Flaschen hervor und fingen zu trinken an. Es roch immer mehr nach Alkohol und auch der Qualm von Zigaretten nebelte das Zimmer ein. Er bekam schon bald keine Luft mehr. Wie kam er bloß hier raus? Na klar! Er warf sich auf den Rücken und schnaufte tief auf, hängte die Zunge raus und blieb bewegungslos liegen. Gabi trat näher und schaute traurig. „Oh, schau mal, Herbert, ich glaube, die war krank. Die arme, so ein kurzes Leben. Schaff sie mit dem Müll raus. Dafür, dass sie sprechen sollte, war sie sehr stumm.“

Es dauerte nicht lange und die Tür des Käfigs ging auf und Herbert packte Paul am Schwanz und … er wurde in die Mülltonne geschmissen.

Als wenn das nicht reichte, wurde der Sack verschlossen und er wurde herum gewirbelt, als Herbert den Müll nach draußen brachte. Paul bekam Panik. Es war eng und der Müll flog um ihn herum. Das war er nicht gewohnt, diese Enge. Schon im Käfig hatte er ein bedrückendes Gefühl verspürt. Was wirklich nicht leicht war. Doch dort war er abgelenkt, jetzt bekam er Schweißausbrüche. „Echt krass, was ist mit mir los? Ich bekomme keine Luft. Lasst mich raus hier!“ Als endlich Ruhe eintrat, seufzte Paul und schaute sich um. Dann entdeckte er die ganzen Reste und vergaß das beklemmende Gefühl. „Wow, gut, dass ich die Idee hatte. Jetzt werde ich erst mal was futtern. Mich mit so einer kleinen Hirsestange zu füttern … wirklich krass. Davon würde doch keiner satt werden. Gut, dass hier genug drin ist, und dann geht es raus in die Freiheit, auf die Suche nach Henry. Ob er mich schon vermissen wird?“

Paul snackte sich durch die Leckereien und dann knabberte er sich aus den Müllsack in die Freiheit. „Buh, was für ein Albtraum.“

Es war Nacht und er huschte an der Hauswand entlang Richtung Straße. Wo sollte er nur Henry finden. Die Stadt war groß. Stolpernd und hüpfend bahnte er sich seinen Weg. Er hatte eine sehr komische Gangart, denn seine Vorderbeine waren etwas zu kurz und so stolperte er immer wieder. Doch er hatte sich daran gewöhnt. Kannte es nicht anders. Er schaute in jede Gasse, an der er vorbeikam. „Wo ist bloß Henry? Wie soll ich den hier finden?“ Frustriert schlich er in die nächste Gasse und ließ sich zwischen den Mülltonnen nieder, dann stutzte er. „Komisch, es liegen zwischen allen Mülltonnen weiche Schlafsäcke. Echt jetzt, sind hier noch mehr wie Henry? Das ist voll krass, jedoch auch super bequem, da kuschel ich mich ein und morgen suche ich weiter nach Henry. Irgendwo muss er sein.“

„Warum willst du mich suchen? Ist das irgendein Spiel?“

Paul sprang auf und schrie los: „Henryyyy!!!! Da bist du ja. Ich habe dich gesucht. Fred – der doofe Fred, verkauft – echt krass – Käfig –

wirklich, endlich hab ich dich wiedergefunden.“ Außer Atem sprang Paul Henry an und kuschelte sich an seinen Hals. Henry schnappte ihn im Nacken und hielt ihn vor seine Nase. „Was faselst du da? Hast du schlecht geträumt?“

„Fred hat mich geklustert, doch nun bin ich wieder bei dir.“ Er hing in Henrys Hand und sah ihn mit großen Augen an.

Henry kam mit der Nase näher. „Sag, seit wann haben Ratten blaue Augen und so eine lange Schnauze. Irgendwie habe ich dich noch gar nicht richtig angeschaut. Deine Ohren sind mir schon aufgefallen sie sind ungewöhnlich groß.“ Er drehte Paul in alle Richtungen. „Also, du bist schon eine sehr komische Ratte. Mit der Nase siehst du ein bisschen aus wie ein Nasenbär“, kicherte er.

„Nasenbär!!! Ich bin eine Ratte und lass mich los, du erdrückst mich. Meine Ohren sind voll ok, damit kann ich alles hören“, schnaubte Paul.

Henry setzte Paul ab. „Nun erzähl mir in Ruhe, was passiert ist.

„Der Fred hat mich geklustert und hat mich an Herbert verkauft, weil ich sprechen kann, obwohl er es nicht geglaubt hat, und dann war ich in einem Käfig. Doch ich bin geflohen, ich bin schlau, ja, megaschlau, schau.“ Er warf sich auf den Rücken, streckte alle vier Beine von sich, verdrehte die Augen und hängte die Zunge raus. Kaum lag er, sprang er wieder auf.

„Die dachten ich hätte ins Gemüse gebissen, doch neeee – ich hab‘s nur gespielt und so landete ich im Müllsack.“

Henry schnappte Paul an der Nase. „Paul, langsam, ich komm nicht mehr mit. Hol mal Luft.“

Ein tiefes Grollen erklang. „Lass – mich – los.“ Die Hand verschwand. „Fass … mich … nie wieder … an … meiner … Nase … an … Das … mag … ich … nicht.“ Er betonte jedes Wort einzeln.

„Okay, Paul, außerdem heißt es ins Gras beißen und nicht ins Gemüse und es heißt nicht geklustert sondern gekidnappt. Du bist etwas verwirrt, denke ich, jetzt schlaf ein bisschen.“ Henry legte sich wieder hin und zog den

Schlafsack nach oben. Paul krabbelte nahe an ihn heran und legte sich in die Kuhle seines Nackens. „Sag mal, Henry."

„Mmh."

„Warum haben diese Menschen so viel zu essen und du liegst hier auf der Straße und hast Hunger. Das ist doch voll unfair?"

„Paul, ich bin obdachlos."

„Mmh, das verstehe ich nicht. Deswegen kannst du doch was zu essen haben? Diese Menschen haben so viel weggeschmissen."

„Ach, Paul. Schlaf jetzt, wir reden morgen darüber."

„Aber …"

„Paul …"

„Ja …"

„Halt's Maul, Paul, und schlaf."

Spieglein Spieglein an der Wand

„Guten Morgen, Paul."

Paul zuckte an Henrys Nacken.

„Was grummelst du da?"

„Keine Luft … raus … hilf mir …"

„Hey, mein Freund, wach auf, ich glaube, du träumst." Er zog Paul am Schwanz.

„Hey, was machst du, lass mich los."

Henry kicherte und zog Paul weiter nach vorne. „Guten Morgen, Paul, du hast geträumt und gequatscht im Schlaf."

„Ich?! Nee, ganz bestimmt nicht – oder doch?"

„Paul, ich denke, das waren gestern ganz schön viele Erlebnisse für dich. Erst die Gefangenschaft und dann die Suche, das ist normal, dass man dann schlecht träumt."

Paul seufzte tief auf und Henry kramte in seiner Tasche und zog einen Keks heraus, den er ihm reichte. Lustlos biss Paul hinein. „Weißt du, es war dort warm und auch gemütlich, bis darauf, dass ich im Käfig saß. Doch das hat mich voll eingeengt. Der Müllsack war krass, doch schon davor fühlte ich mich nicht wohl. Das verstehe ich nicht."

Henry sah zu ihm. „Schau mich mal an. Es ist nicht leicht, wenn man normalerweise daran gewöhnt ist, im großen Universum, also hier draußen, zu wohnen und dann plötzlich sind Wände da. Klar ist es schön, doch es fühlt sich wie ein Gefängnis an. Da hilft auch nicht das Warme und Gemütliche, das es dort gibt. Es macht Angst, plötzlich Wände um sich zu haben. Das ist sehr schwer, sich darauf einzustellen. Ich würde auch gerne in einer richtigen Wohnung wohnen, wo es kuschelig und trocken ist, doch ich habe Angst vor den Wänden. Das sage ich aber jetzt nur dir. Ja, voll doof, ich weiß. Doch irgendwie würde ich es nie alleine schaffen, wieder zwischen Wänden zu wohnen."

Mit großen Augen sah Paul zu ihm auf. „Puh, das ist heftig und zugleich echt blöd. Eine Wohnung ist doch besser als hier draußen."

„Tja gegen unsere inneren Gefühle und Ängste kommen wir nicht so leicht an und Hilfe zu bekommen ist nicht einfach. Nur eine Wohnung zu bekommen, reicht also gar nicht aus. Ich glaube, dass ich trotz allem wieder draußen schlafen würde. Bescheuert, doch Wände gruseln mich schon etwas."

„Pff, also langsam kommt es mir sehr kompliziert vor, ein Obdachloser zu sein."

Henry kicherte. „So, nun auf. Heute muss ich duschen und ich benötige einen neuen Mantel und etwas Frisches zum Anziehen. Dieses bekommen wir in der Kleiderkammer."

Paul sah überlegend zu Henry. „Was ist eine Kleiderkammer?"

„Das ist ein Laden für Menschen, die kein Geld haben oder wenig. Dort bringen nette Menschen noch gut erhaltene Kleidung hin und wir können sie uns holen. Also komm, los geht's." Weil Henry keinen Mantel mehr hatte, steckte er Paul vorn in sein Hemd.

„Gibt's dort auch was zu futtern?"

„Danach gibt's was zu futtern, erst wird geduscht."

„Muss ich auch duschen?"

Henry steckte die Nase in sein Hemd. „Also, ich denke, du hast es nötig, du stinkst nach Müllsack."

Paul knuffte ihn. „Sehr witzig, du begibst dich auf dünnes Eis, immerhin bin ich geklustert worden."

„Es heißt gekidnappt."

„Sag ich doch."

Sie liefen eine ganze Weile, bis sie vor einem großen Schaufenster ankamen. „Paul, nun verhalte dich ruhig, dass dich keiner sieht." Henry trat durch die Tür.

Paul konnte es nicht lassen und linste aus dem Hemd. „Wow, das ist cool. Setz mich ab, ich möchte mir das genau ansehen."

„Ok, doch pass auf, dass dich keiner sieht. Hier gibt es genug Verstecke, wo du drunter schlüpfen kannst." Er setzte Paul vorsichtig auf den Boden.

„Mega cool, echt krass, das ist ja toll, was das wohl ist …" Henry grinste und schaute Paul nach, der zwischen den Kleiderständern verschwand.

Eine Verkäuferin näherte sich Henry. „Guten Morgen. Schön, dass du vorbeikommst. Darf ich nach deinem Namen fragen?“

„Ich heiße Henry.“

„Ich bin Edith und ich kümmere mich um die Kleiderkammer. Was brauchst du?“

Henry sah sie an. „Mir wurde der Mantel gestohlen und ich brauche eine neue Jacke und etwas Frisches zum Anziehen. Ich möchte heute duschen gehen.“

„Dann schau dich um, ich habe noch etwas im Lager zu tun. Ruf, wenn du fertig bist mit auswählen. Ach, und Sophie ist auch da, sie probiert gerade Sachen an. Du kennst sie sicher von der Straße. Vielleicht willst du Hallo sagen.“ Lachend ging die Verkäuferin davon.

Henry schmunzelte und sah sich nach Sophie um. Er hatte sie schon lange nicht mehr gesehen, denn ihren Schlafplatz kannte er nicht. Oft machte er sich etwas Sorgen, ob es ihr gut ging, doch meistens traf er sie kurz darauf und dann war wieder alles gut. Er hörte ein erschreckendes Kreischen aus einer der Umkleidekabinen und eilte dorthin.

„Hilfe!!! Ich fasse es nicht. Das darf doch nicht wahr sein!“

Henry verdrehte die Augen und zischte. „Hab ich dir nicht gesagt, du sollst aufpassen, Paul.“

Paul linste unter einem Ständer hervor und flüsterte. „Jo, ich wusste doch nicht, dass da jemand ist.“

Der Vorhang ging zur Seite und Sophie eilte heraus. „Oh, Henry. Hier war gerade eine Ratte. Stell dir das vor, mitten im Kleiderladen? Sie huschte zwischen meinen Füßen hindurch.“ Sophie sah sich um. „Sag, mal, mit wem redest du?“

Henry schaute Sophie an. „Naja – ähm – ach was soll‘s. Ich rede mit gerade dieser Ratte, die deinen Weg gekreuzt hat.“

Sophie musste lachen. „Klaro, du verrückter Kerl, immer für einen Spaß zu haben.“

Paul linste unter dem Ständer hervor. „Hey, mich gibt‘s wirklich und Henry ist nicht verrückt. Er ist mein Freund und ich bin sein Kumpel.“

Langsam ließ Sophie ihren Blick tiefer wandern und stutzte. „Ich fasse es nicht. Eine gepunktete Ratte mit blauen Augen. Mich kann nichts mehr erschrecken, dazu lebe ich schon zu lange auf der Straße, doch so etwas wie dich habe ich noch nie gesehen."

Paul stellte sich auf und verbeugte sich, fiel auf die Nase und rappelte sich wieder hoch. „Mmh, habe die Ehre, ich bin Paul. Bist du auch obdachlos?"

Henry schüttelte den Kopf. „Paul, du alter Charmeur, geh dich etwas umsehen, während ich mich mit Sophie unterhalte."

Paul gluckste. „Bin schon weg, hier gibt's so tolle Sachen."

Sophie schaute Henry fragend an. „Na dann erzähl und lass ja nichts aus."

Henry erzählte Sophie, wie er Paul kennengelernt hatte. Plötzlich hörten sie ein wütendes Fauchen. „Jiiiiiii – das schlägt der Tonne den Boden aus! Wo kommst du denn her? Eh Alter, rede mit mir und mach mir nicht alles nach."

Henry seufzte auf und ging dem Schreien nach. Er fand Paul vor einem Spiegel, mit dem er sich unterhielt. „Paul, es heißt das schlägt dem Fass den Boden aus und das da“, er zeigte auf Pauls Spiegelbild, „das bist du selbst.“

Paul stutzte und sah hoch zu den beiden. „Wie? Ich?“

Sophie streckte ihre Hand aus und ließ Paul darauf klettern. „Schau, kleiner Kerl, blicke in den Spiegel, dort siehst du uns alle und dich auf meinem Arm.“

Paul sah mit großen Augen in den Spiegel. „Das ist doch keine Ratte. Doch ich bin eine Ratte. Schau mal, wie die aussieht, so große Ohren und voller verrückter Flecken, das bin nicht ich.“

Henry legte den Finger an Pauls Schnauze. „Doch, das bist du und du bist etwas Besonderes, Einzigartiges.“

„Wow, das bin ich.“ Er drehte und wendete sich, verzog die Nase und schnaubte. „Ok, dann bin ich das, wenn ihr das sagt. Einzigartig klingt gut und nun lass mich runter.“

Er blickte sich noch einmal genauer im Spiegel an, grinste schief und hüpfte von der Hand.

„Wir müssen dir noch Klamotten aussuchen. Sag, soll das alles sein, was du auf dem Arm hast? Du brauchst schon etwas mehr. Hier gibt es so viel davon."

Sophie schaute Henry an und dann zu Paul. „Paul, wir leben auf der Straße, wohin sollen wir die Sachen tun?"

Paul überlegte. „In einen Schrank natürlich. So wie in dem Haus wo ich war, da gab es Schränke."

Sophie antwortete ihm: „Wir haben keine Schränke auf der Straße und in unseren Taschen können wir nicht viel mitnehmen, denn die müssen wir den ganzen Tag mit uns schleppen oder gut verstecken, dass sie uns nicht gestohlen werden."

Paul schaute mit großen Augen Sophie an. „Das ist voll blöd. Da gibt es hier so viele Sachen und ihr habt keinen Schrank. Wohnst du auch an den Mülltonnen?"

„Nein ich habe ein kleines Zelt an einem verborgenen Platz."

Paul riss die Augen auf. „Was ist ein Zelt?"

„Ein Zelt ist eine Plane, wo man reinschlüpfen kann und vor Wind und Wetter geschützt ist", erklärte Sophie.

„Henry, warum hast du so eine Plane nicht?“, fragte Paul nach.

Henry seufzte. „Jeder lebt so, wie er möchte. Mich engen sogar Zeltwände ein, deswegen schlafe ich lieber im Freien. Doch nun komm, ich muss Bescheid geben, was ich mitnehme, und dann will ich mich waschen gehen. Das ist auch nicht immer möglich, wir haben kein Badezimmer in unserem kleinen Zuhause.“

Sophie sah Paul an, der nun auf einem Kleiderständer hockte. „Sag mal, Henry, ich war heute Morgen schon duschen, soll ich dir den kleinen Kerl abnehmen, dann kannst du in Ruhe deine Besorgungen machen.“

„Au ja, au ja …“ Paul hüpfte freudig herum.

Henry sah Paul intensiv an. „Du versprichst mir, keinen Blödsinn zu machen, und du benimmst dich.“

„Ja, ja, mach ich und du pass auf dich auf.“

Er krabbelte schnell zu Sophie und verschwand unter dem Schal, den sie über ihren Schultern liegen hatte. „Na, ich hoffe, du weißt, auf was du dich einlässt, Sophie. Doch bei dir ist er gut aufgehoben. Viel Spaß, ihr beide.“

Paul linste aus dem Schal. „Darf ich bei Sophie bleiben, bis morgen früh?“

Sophie sah Henry an. „Das wäre fantastisch und ich müsste heute nicht noch einmal zu dir zurück laufen.“

Henry überlegte. „Ok, doch morgen früh bringst du ihn mir wieder vorbei. Ich habe mich an diesen kleinen Kerl gewöhnt.“

Paul jauchzte. „Supi, dann kann ich in dieser Plane schlafen.“

Sie verabschiedeten sich voneinander und Paul winkte Henry mit seiner Pfote zu, dann ging Henry davon.

DAS bin ich?!

Einkaufen mal anders

Paul schnupperte an Sophies Hals.

„Hey, Paul, lass das, es kitzelt."

„Du riechst gut."

„Ich bin ja auch frisch geduscht. Warte ein paar Stunden, dann rieche ich nicht mehr so gut."

„Dann gehst du halt wieder duschen."

„Ach, Paul, hier auf der Straße reichen wenige Stunden, um wieder zu stinken. Oft kann ich mich selbst nicht mehr riechen. Doch wir haben nicht immer die Gelegenheit dazu. So, und nun gehen wir einkaufen. Ich habe ein bisschen Geld bekommen. Bleib schön in meinem Schal verborgen, dass dich niemand sieht." Sophie ging über die Straße zum Supermarkt und durch die Tür hinein. Paul linste kurz hervor und sah sich um. „Ui, hier gibt es viel zu essen. Das ist ja wie im Schlaraffenland."

„Ja, doch ich muss gut überlegen was ich mitnehme."

„Warum? Es gibt doch so viel hier, die vermissen sicher nichts, wenn du mehr mitnimmst“, fragte Paul.

„Paul, das ist ein Laden und ich muss bezahlen, was ich mitnehme, und so viel Geld habe ich nicht.“ Sophie nahm Kekse, Wasser, eine Flasche Saft, einen Apfel und eines dieser lecker duftenden Brötchen, die in einer Kiste lagen. Paul zog die Stirn kraus. „Das ist alles? Da wird keiner satt davon. Ich war in einem Haus, die hatten einen ganzen Schrank voll.“

„Tja die haben auch einen Kühlschrank, den habe ich nicht, und wenn es wärmer wird, verderben mir die Sachen. Also kann ich nur das einkaufen, was nicht gleich kaputtgeht und was ich nicht lagern muss. Wasser brauche ich, denn trinken ist wichtig. Viel wichtiger als Essen. Weißt du, wir auf der Straße ernähren uns nicht richtig. Mangelerscheinungen wie Vitaminmangel und so sind normal. Schau mal meine Hände.“ Sophie hielt ihre Hände vor Pauls Nase, die aus dem Schal schaute. „Ich habe rissige Haut und die Nägel brechen und sind gelb. Das kommt davon, weil ich keine

Möglichkeit habe, mich gesund zu ernähren. Nicht immer habe ich Geld, um mir etwas kaufen zu können, und der Weg von meinem Schlafplatz zur Suppenküche ist sehr weit. Es gibt Tage, da knabbere ich an einem Keks herum."

Mittlerweile waren sie wieder aus dem Laden draußen und Paul krabbelte auf Sophies Arm und stellte sich auf. „Schau, ich glaube, ich habe eine Mangelerscheinung." Er rieb sich seinen Bauch.

Sophie lachte herzhaft los. „Ja, auf jeden Fall, so ein dickes Bäuchlein und dann diese kleinen Beinchen. Eindeutig Mangelerscheinung. Du bist mir einer. Doch nun komm, jetzt gehen wir zu meinem Zelt und machen es uns gemütlich."

Paul krallte sich fest, als Sophie loslief. „Hey, lass mich runter, ich kann auch neben dir laufen."

Sophie hob ihn auf den Boden. „Pass auf, dass dich keiner sieht. Die Menschen mögen Ratten nicht sehr."

„Jo, wird gemacht." Schon hüpfte er los.

Es dauerte nicht lange und der erste Schrei erklang, als er von einer herbeilaufenden Frau entdeckt wurde. Sophie schüttelte den Kopf und lächelte. Sie beobachtete Paul, der an den Hauswänden entlang huschte und sich immer wieder nach ihr umdrehte. Bald hatten sie den Park erreicht, hinter dem ein kleines Wäldchen lag. Hier liefen nicht viele Menschen herum. Vereinzelt sah man Hundebesitzer mit ihren Vierbeinern und einige gingen mit ihren Kindern spazieren. Auf Sophie achtete niemand. Sie sah wie jede ältere Dame auf einem schönen Nachmittagsspaziergang aus. „Paul!“, rief Sophie. „Bleib in meiner Nähe, nicht dass ich dich verliere, dann wäre Henry sehr traurig.“

Paul flitzte herbei. Naja, mehr stolperte er, als dass er krabbelte. „Bin da, wer noch? Sind wir bald da?“, kicherte er.

Erlebnispark Wald

Paul lief pfeifend vor Sophie her. Alles begeisterte ihn. Er flitzte um Blumenbeete und schnupperte mal da und mal dort. Sophie schmunzelte. „Paul, pass auf, dass du mich nicht verlierst. Mein Zelt ist etwas versteckt und wir müssen durchs dichte Gebüsch."

Paul sah Sophie fragend an. „Warum hast du es versteckt und nicht hier auf der Wiese aufgebaut?"

„Das liegt daran, dass ich nicht gesehen werden will, und außerdem darf man nicht einfach irgendwo ein Zelt aufstellen, das ist verboten."

Paul zog die Schnute schief. „Das ist voll doof. Hier ist doch viel Platz." Sophie sah sich um. „Das mag sein, jedoch gibt es Gesetze, die es verbieten, einfach ein Zelt aufzubauen. Man nennt das Wildcamping."

Paul verzog die Nase. „Gesetze für Zelte. Was es alles gibt. Jedoch ich bin gespannt, wo dein Schlafplatz ist."

Sie hatten den Waldrand erreicht und Sophie ging quer durch, dann blieb sie plötzlich stehen und zeigte nach vorn. „Schau, Paul, da ist es."

Sie drehte sich nach Paul um, doch er war weg. Suchend blickte sie umher. „Paul!!! Wo bist du?", rief sie laut.

„Hier!!! Schau, ich habe etwas ganz tolles gefunden", erklang Pauls Stimme mit einem „Huiiiii!!" und einem Kichern. Sie ging der Stimme nach und was sie sah, zauberte ihr ein Lächeln auf die Lippen. Paul krabbelte gerade an den Zeltwänden empor, um sich gleich darauf wieder rutschend in die Tiefe zu stürzen, dass seine Ohren nur so flogen. „Huiiiii, das ist mega cool. Mitten im Wald, das macht Spaß. Was ist das für ein Ding?"

Sophie trat näher und fing Paul auf, als er das nächste Mal rutschte. Sie kitzelte ihm das Bäuchlein, dass er lachen musste. „Das ist mein Zelt."

Paul riss die Augen weit auf und hängte sich an Sophies Hand. „Wow, das ist dein Zelt. So etwas braucht Henry auch, dann kann ich den ganzen Tag rutschen."

„Komm, ich zeig's dir von innen."

Sophie setzte Paul auf den Boden und öffnete den Reißverschluss. Paul konnte es natürlich nicht erwarten und flitzte an ihr vorbei hinein. „Wow, wow, megakrass. So warm und du hast auch einen Schlafsack und sogar ein Kissen. Ui, was ist das? Sophie, schau mal."

Sophie legte ihre Einkäufe ab und krabbelte hinein. Paul hatte gerade ihren Vorrat an Weingummi entdeckt und er sah sich die Tüte mit den bunten Bärchen fasziniert an. „Das ist was Süßes und jetzt lass uns bettfertig machen. Draußen wird es schon dunkel und es wird Zeit zu schlafen. Wir können uns gleich noch unterhalten."

„Menno, kannst du mir nicht verraten, was das für bunte Dinger sind? Die sehen komisch aus, doch so schön bunt. Kann ich welche für Henry mitnehmen und woher hast du sie?"

Sophie schmunzelte und zog sich in aller Ruhe aus. Dann legte sie ihr Schultertuch in einer Kuhle zusammen neben ihren Schlafsack. „So, hier kannst du schlafen, denn in meinem Schlafsack möchte ich dich nicht haben."

„Pfff, niemand lässt mich in seinen Schlafsack. Henry sagt das auch immer.“ Paul zog eine Schnute.

„Paul, du bist immerhin eine Ratte und die hat nichts im Schlafsack zu suchen.“

Paul sah Sophie zu, wie sie in den Sack kletterte. „Ich bin Paul. Ja, vielleicht eine Ratte, doch Henry sagt, ich bin etwas Besonderes.“

„Trotzdem bleibst du außerhalb meines Schlafsacks.“ Sophie sah Paul streng an und dieser schlurfte zu seinem Schlafschal und ließ sich darauf nieder. „Finde ich echt doof“, grummelte er.

Sophie sah ihn an. Er hatte die Tüte mit den Gummibärchen vor sich liegen. „So dann werde ich dir deine Frage beantworten. Gib mal her, du darfst eines versuchen.“

Paul reichte die Tüte Sophie und diese nahm ein Bärchen heraus und steckte es Paul ins Maul. Sogleich verdrehten sich seine Augen und er schmatzte drauf los. „Mmh, soooo lecker. Woher hast du die?“

„Also diese Bärchen haben mir die netten Menschen vom Unsichtbar e.V. gebracht.“

„Wie? Henry?“, quatschte Paul dazwischen. „Nein, nicht Henry. Die Unsichtbaren.“

„Also doch Henry. Mir hat er so etwas noch nie gegeben.“

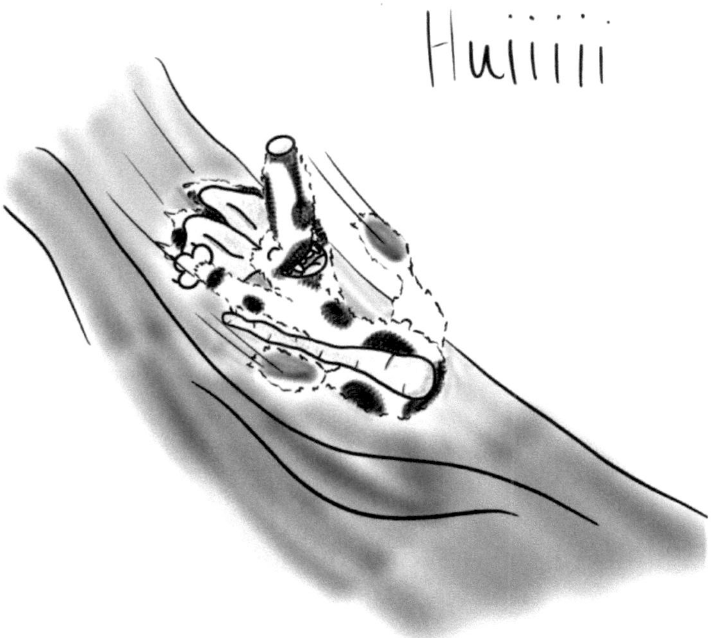

Sophie stöhnte auf. „Paul, halt kurz dein Maul und hör mir zu. Also, die Unsichtbaren sind eine kleine Gruppe Menschen, die mich eines Tages hier aufgesucht haben. Ich hatte damals erst richtig Angst, weil ich dachte, sie sind gekommen, um mir mein Zelt wegzunehmen. Doch dann sagten sie, dass ein Mann mit Hund mein Zelt gesehen hat und sie anrief. Ich war richtig überrascht. Sie helfen uns Obdachlosen und sind für uns da. Sie fragten mich, ob ich etwas brauchte, und ich bekam einen Kaffee und Suppe und auch diese Tüte Bärchen. Ach, und den Schlafsack, seitdem friere ich nicht mehr. Sie besuchen mich öfters. Sie sind erst tief in der Nacht unterwegs."

„Wow, und du weißt nicht, wie sie aussehen?"

„Klar weiß ich das. Ich hab sie doch gesehen."

Paul grübelte. „Wenn sie unsichtbar sind, wie kannst du sie dann sehen? Ich war mit Henry unterwegs und keiner hat uns gesehen, zumindest nicht viele. Er sagte, ihr seid für viele unsichtbar und sie sehen euch nicht."

Sophie schaute Paul lächelnd an. „Sie nennen sich unsichtbar, weil sie uns Unsichtbare sehen. Sozusagen werden sie auch zu Unsichtbaren.“

„Mega cool, wo sind sie? Kann ich sie kennen lernen und bekomme ich dann auch so bunte Dinger für Henry?“

„Man weiß nie, wann sie auftauchen, plötzlich sind sie da und es ist immer schön, sie zu sehen.“

Paul riss plötzlich die Augen auf und lauschte. „Sophie, hast du das gehört? Da schnuppert was ums Zelt und ich bin doch hier drin, also kann ich es nicht sein“, flüsterte er.

„Ach, das ist nichts. Könnte ein Wildschwein oder ein Marder sein. Die streifen nachts öfters ums Zelt. Daran gewöhnt man sich. Ich höre es schon gar nicht mehr.“

„Uiiiii“, quiekte Paul, als ein Schatten über das Zelt flog.

Sophie lachte schallend los. „Paul, das war ein Waldkauz. Sag, du bist doch eine Ratte und kein Angsthase.“

Paul schnaubte. „Klar bin ich eine Ratte, doch möchte ich nicht für eines dieser Tiere als Futter enden. Ein bisschen Angst ist nie verkehrt, das hat zumindest mein Papa immer zu mir gesagt."

„Ja, Paul, das ist wahr. Man muss den Tieren gegenüber respektvoll sein. Doch hier ins Zelt kommen sie nicht. So, nun leg dich hin und wir schlafen etwas."

Paul rollte sich ein, doch kaum lag er, schreckte er wieder hoch. „Hast du keine Angst?", fragte Paul leise.

„Paul, am Anfang hatte ich Angst, doch mittlerweile habe ich mich daran gewöhnt. Diese Tiere tun mir nichts. Sie schauen nach mir, das gibt mir ein gutes Gefühl. Diese Tiere haben mein Zelt und mich hier akzeptiert, das ist mehr als die Menschen da draußen. Sie verurteilen mich gerne für das, wie ich hier lebe."

Paul saß auf seinen Hinterpfoten, spielte mit seiner Schwanzspitze und grummelte vor sich hin. Sophie kicherte. „Was ist los?"

Mmh … naja … mmh ... also, sag mal." Er schlich sich etwas näher heran. „Darf ich vielleicht heute ausnahmsweise mit in deinen Schlafsack, schau, wie ich zittere, ich habe wirklich Angst.“ Er schielte Sophie mit einem Hundeblick an.

Lachend griff Sophie nach ihm und steckte ihn kurzerhand zu sich in den Sack. „Aber nicht, dass du etwas zu den anderen sagst. Das bleibt unter uns, dass du bei mir geschlafen hast.“ Paul kuschelte sich enger heran. „Jo, logisch, ich verrate nix, mein Name ist Meerschwein.“

„Das heißt, dein Name ist Hase und nun schlaf.“

Paul knuddelte sich an Sophie und sie streichelte im Halbschlaf sein Fell. „Du schnupperst gut“, seufzte Paul und schloss die Augen.

Sophie flüsterte: „Du tust mir auch sehr gut. Schon lange hat keiner mit mir gekuschelt und so viel geredet. Das ist ein tolles Gefühl, auch wenn du eine Ratte bist. Ich finde es toll.“

Grünes Vertrauen

„Hallo, hier sind Regine und Holger von Unsichtbar! Jemand zuhause?“, erklang es von draußen. Paul schreckte auf. „Sophie, wach auf, da sind große Tiere vorm Zelt.“ Er sah auf die Schatten an den Zeltwänden. Sophie gluckste und steckte Paul tiefer in ihren Schlafsack. „Bleib da drin und zeig dich nicht. Das ist der Unsichtbar e.V. und sie müssen nicht wissen, dass ich mit einer Ratte schlafe“, flüsterte sie ihm zu und nach draußen rief sie: „Ja ich bin da. Moment, ich mach das Zelt auf.“

„Brauchst du etwas, Sophie? Dann holen wir es schon aus dem Auto“, kam die Frage.

„Ja, gerne. Einen Kaffee und eine Suppe, wenn ihr habt.“

Paul flüsterte aus dem Schlafsack: „Sophie, und die bunten Dinger. Die will ich Henry mitbringen.“

„Psst, Paul, bleib da drin und vor allem sei leise“, schimpfte sie. Sophie schlug die Zeltwände zurück und sah das Funkeln der beiden

Taschenlampen wieder näherkommen. „Schön, dass ihr mich besucht und danke für den Kaffee.“ Sie nahm den heißen Becher entgegen und stellte die Suppe neben sich.

„Brauchst du noch etwas?“, wurde sie gefragt.

„Nein, ich habe alles, dankeschön.“

Aus dem Zelt kam ein Wispern. „Doch, die bunten Dinger.“

Regine schaute neugierig an Sophie vorbei ins Zelt und stutzte. „Ist da noch jemand?“

Sophie lachte. „Ach, naja, egal … das ist Paul, er leistet mir Gesellschaft.“

Holger versuchte zu schauen. „Hallo Paul. Möchtest du auch einen Kaffee?“, fragte er, doch im nächsten Augenblick riss er die Augen auf und schrie: „Eine Ratte, ich bin raus!!!“ und lief los. Aus dem Zelt flitzte Paul hinter ihm her. „Juhuuuu, ein Wettrennen! Komm, wir spielen Zeltrutschen.“

Regine und Sophie lachten. „Sophie, war das eine Ratte? Du weißt doch, dass Holger Ratten hasst.“

Sophie rappelte sich auf. „Komm wir müssen Paul wieder einfangen, damit Holger nicht einen Herzinfarkt bekommt. Paul ist eine Naturgewalt."

Sie liefen im Licht der Taschenlampe hinter den beiden her. Regine rief: „ Holger!!! Das ist Paul. Ist doch nur ne Ratte. Sogar mit Namen. Also keine Gefahr." Am Auto angekommen, sahen sie Holger darin sitzen, der mit schreckhaftem Gesicht Paul anstarrte. Paul lag auf der Scheibe und grinste Holger an. Er blickte Sophie entgegen. „Der ist voll daneben und was ist das für ein komisches Zelt? Da kommt man nirgends rein."

Regine schaute fasziniert auf Paul, dann zu Sophie. „Sag, hat die Ratte gerade gesprochen?"

Paul stutzte und legte den Kopf schief. „Huhu."

„Ja?", kam es von Regine.

„Ups, du verstehst mich. Bist du auch obdachlos?"

Regine griff nach der Tür und öffnete sie. Holger schaute panisch. „Hey Holger, die Ratte kann sprechen. Tiere, die sprechen, sind keine Gefahr."

Sophie schmunzelte. „Euch beide kann auch nichts mehr aus der Ruhe bringen."

„Nein, wirklich nicht, und wenn deine Ratte sprechen kann, naja, dann soll sie es eben tun", sagte Regine.

Paul lugte über die Tür ins Innere des Wagens. „Huhu, ich bin Paul und, nein, ich habe keine Ahnung, warum ich euch nun verstehe und ihr mich, also frag gar nicht erst. Bekomme ich nun diese bunten Dinger und was ist das für ein tolles Zelt?"

Sophie schüttelte den Kopf und schnappte sich Paul. „Paul, sei nicht so aufdringlich."

„Aber ich möchte doch gerne die bunten Dinger Henry mitbringen und überhaupt, ich möchte zu Henry und so ein Zelt wäre voll cool", jammerte er.

Sophie ging mit ihm zurück zum Zelt. Regine und Holger folgten im Abstand und leuchteten den Weg. Sie lauschten beide dem Gespräch. „Sophie bring mich zu Henry, bitttteeeeee", bettelte Paul.

„Morgen, jetzt im Dunkeln ist es zu gefährlich."

„Dann lass uns in das Zelt von Holger und Regine ziehen, das ist viel schöner und so grün."

Regine sah Holger an, dieser hob abwehrend die Hände. „Vergiss es, Regine, auf keinen Fall, das kannst du vergessen. Keine Ratte in unserem Auto. Das ist auch versicherungstechnisch nicht möglich. Wir dürfen keine Fahrgäste transportieren."

„Ach Holger", sagte Regine lächelnd.

„Nein!" Resolut lehnte Holger ab.

„Holger, es ist Paul", versuchte es Regine erneut.

„Er ist und bleibt eine Ratte, auch wenn er Paul heißt – und ich mag keine Ratten." Regine blinzelte Holger an. „Mein letztes Wort, nein!", sagte Holger fest. Er wünschte Sophie eine gute Nacht und drehte sich zum Auto um. „Komm, Regine, wir müssen noch mehr Menschen besuchen."

Sie beugte sich zu Paul hinunter und flüsterte ihm etwas zu, dann lief sie hinter Holger her. Im Auto angekommen, schaute Holger zu Regine. „Wenn ich nein sage, ist das ein Nein.

Der Fahrer hat die Verantwortung und das bin ich."

„Ja, Chef." Regine verzog grinsend die Lippen. Dann ging es los, weiter in die Nacht.

Das Zeltauto

„Uff, bekomme keine Luft – lass mich raus – es ist so warm hier. Macht mal jemand das Zelt auf."

Holger trat voll auf die Bremse, würgte den Motor ab und sah Regine fassungslos an. „Das hast du jetzt nicht getan?", stöhnte er auf.

„Ähm, naja, also, es ist doch Paul", sagte Regine leise.

„Reeeggggiiiinnneeeee!!!", schrie Holger, dass es nur so dröhnte. Sie langte in ihre Jacke und holte Paul heraus, der schuldbewusst schaute. „Ich will doch nur wieder zu Henry", flüsterte er und schaute Holger mit großen Glupschaugen an.

Holger atmete tief ein. „Wo wohnt dein Henry?"

„An den Mülltonnen", wisperte Paul.

„Welchen Mülltonnen?"

„Na, in der Gasse."

„Welche Gasse?"

„Mmh, die in der Stadt."

„Welcher Stadt?"

„Mmh, weiß ich nicht."

Holger sah kopfschüttelnd zu Regine. „Siehste, jetzt haben wir den Salat, ne Ratte im Auto und sie weiß nicht, wo sie wohnt."

Regine lachte. „Dann lass uns nochmal zu Sophie fahren und sie fragen."

Holger drehte sich genervt um und fuhr den Weg zurück zum Wald. Dort angekommen liefen sie zu Sophies Zelt. „Hallo Sophie, wir sind es nochmal von Unsichtbar."

Aus dem Zelt erklang ihre Stimme. „Oh, gut, dass ihr noch da seid. Sagt, habt ihr Paul gesehen?"

Regine sah Paul auf ihrem Arm strafend an. „Ehrlich jetzt, hast du mir nicht gesagt, Sophie weiß Bescheid?"

Paul wurde etwas kleiner. „Ja, sie wusste auch, dass ich wieder zu Henry wollte", brummelte er.

Regine hob tadelnd den Finger. „Du hast ihr jedoch nicht gesagt, dass du mit mir gehst."

„Ähm, nein warum auch, ich bin eine freie Ratte", antwortete Paul.

Holger seufzte tief auf. „Auch wenn du eine freie Ratte bist, so hat Sophie dich aufgenommen, und wenn du gehst, musst du ihr das sagen, sonst macht sie sich Sorgen um dich."

Sophie krabbelte aus dem Zelt. „Genau, wie Holger sagt, und außerdem solltest du nicht einfach mit Menschen mitgehen, erst wenn du sicher sein kannst, dass sie gut zu dir sind. Denk mal an Fred."

Paul schoss in die Höhe. „Jo, der doofe Fred, ich war im Käfig, bin geklustert worden."

„Es heißt, gekidnappt, Paul", grummelte Sophie. „Genau deshalb immer erst Bescheid sagen, wenn man geht und wohin man geht und nicht einfach in ein Auto einsteigen."

Schuldbewusst ließ Paul die Ohren hängen. „Ich war doch bei Regine."

Regine sah Paul streng an. „Ja, und du hast mir gesagt, dass Sophie Bescheid weiß, das war geflunkert!"

Holger sah alle genervt an. „Also, Sophie, wo ist das Wohnzimmer von Henry? Paul weiß es nicht. Dann nehmen wir den Kerl ausnahmsweise mit." Paul grinste von einem Ohr zum

anderen. „Bin ich dann so ein verkitterungsfreier Fall und bekomm ich dann diese bunten Dinger für Henry?“

Regine lachte. „Du meinst sicher die Gummibärchen. Klar, wenn wir noch welche haben, und, nein, du bist kein versicherungstechnischer Fall. Es ist alles eine Sache der Ansicht. Du bist einfach während der Fahrt auch unsichtbar und so fällst du nicht in diese Regelung.“

Fassungslos schaute Holger Regine an. „Alles eine Sache der Ansicht. So, so, wessen Ansicht wohl? Meine wird hier voll übergangen.“

Sophie erklärte, wer Henry war und wo man ihn finden konnte, und die kleine Gruppe machte sich auf den Weg.

„Hey, das geht nicht. Du erwürgst mich.“ Paul schaute voll genervt Holger an.

„Du musst dich anschnallen. Ich lass doch keine Ratte im Auto frei rumhopsen. Es reicht schon, wenn ich dich überhaupt mitnehme.“

Paul streckte Holger die Zunge raus. „Hast du ein Problem mit mir?“, feixte er.

„Ja, du bist eine Ratte, ich hasse Ratten", zischte Holger.

Paul schnaubte. „Ich bin Paul."

„Ja eine Ratte", konterte Holger.

Regine sah beide kopfschüttelnd an. „Also, so geht das nicht. Holger, er ist eine Ratte, jedoch auch ein Lebewesen und der Anschnallgurt ist zu groß für ihn. Du fährst jetzt und ich nehme Paul zu mir auf den Schoß."

Holger tat entsetzt. „Nein, dann ist er so nah an mir dran. Was ist, wenn er mir ins Lenkrad greift?"

„Menno, jetzt reiß dich mal zusammen. Stell dir einfach vor, er wäre eine Katze", antwortete Regine.

Paul kringelte sich vor lachen. „Miau, miau ich bin sooooo eine süße Katze. Ihr seid echt witzig."

Regine schnappte Paul und endlich ging es los. Holger startete den Wagen und Paul krabbelte von Regines Arm und ging auf Entdeckungstour. „Wow, megafantastisch, das brauch ich für Henry und das auch und … sagt mir, warum habt ihr hier so viele Sachen im Zelt?“

Holger brummelte: „Es ist ein Auto und kein Zelt und diese Sachen brauchen wir alle, um bedürftigen Menschen, die auf der Straße schlafen, zu helfen.“ Er hörte etwas ratschen. „Paul, lass die Suppen zu, die sind für die Obdachlosen.“ Dann knisterte etwas und man hörte Paul vor sich hin quatschen: „Mmh, das ist lecker. Mega, hier gibt es so viele Leckereien. Woher habt ihr die alle?“

Regine schaute amüsiert nach hinten. „Paul, viele nette Menschen ermöglichen uns, dass wir diese Dinge besorgen, um sie an die Menschen, die unsere Hilfe brauchen, weiterzugeben.“ „Warum machen die das?“, hakte Paul nach. „Weil sie gerne helfen und ein großes Herz haben.“

Mit vollem Maul schaute Paul Regine an. „Cool, können diese Menschen noch so bunte Dinger besorgen?“

Holger schüttelte seinen Kopf. „Das kann ja heiter werden. Hey, Paul, krümel das Auto nicht voll.“

„Mmpf, mpf, ui, ui, ui“, kam nur von Paul. Eine Zeit lang war es ruhig. Man hörte nur gelegentlich das Rascheln und Schmatzen. Regine räusperte sich. „Gleich sind wir bei deinem Henry.“

Paul krabbelte über die Lehne nach vorn. „Ich bin gespannt, ob Henry euer Zelt gefällt, und die bunten Dinger.“

„Auto, nicht Zelt“, korrigierte Holger genervt.

„Ist doch egal. Gelbes Auto, nicht Zelt, hab‘s kapiert“, grinste Paul.

„Grün, nicht Gelb“, ließ Holger verlauten.

„Ok, grün.“ Paul tippte ihn mit seiner Pfote auf die Schulter, dass Holger zurück zuckte.

„Sind wir jetzt da?“

„Schau, dort vorn ist die Gasse. Wir halten jetzt hier und dann gehen wir nach Henry schauen“, sagte Regine.

Paul hüpfte aufgeregt herum. „Lass mich raus. Schau, da sitzt Henry!“

Sie blickten in die Gasse und sahen Henry zwischen den Tonnen sitzen, eine kleine Lampe erhellte seinen Platz. Paul schrie los: „Schau mal, Henry, die sind toll! Die haben ein großes

Zeltauto und ich habe sie mitgebracht! Willst du auch einen Taffee und im Autozelt schlafen?“

Holger sah Paul streng an. „Schrei nicht so! Wir müssen dringend reden. Regine, begrüß Henry, und Paul und ich haben was zu besprechen.“

Paul schaute Holger mit großen Kulleraugen an, dann flüsterte er. „Darf ich auf deinen Schoß sitzen, während wir reden? Bitte?“ Er krabbelte rüber und sah Holger fasziniert an. „Du zitterst. Frierst du oder hast du Angst vor mir?“

„Pff, ich hab doch nicht Angst vor einer Ratte.“

Beide hörten sie Regine lachen, als sie zu Henry ging und sagte: „Guten Abend, Henry, Unsichtbar ist da und wir haben so ein kleines süßes Fellbündel für dich mitgebracht, das dir sicher schon fehlt.“

Paul kicherte. „Jetzt bin ich ein süßes Fellbündel, wie niedlich. Doch was willst du mit mir besprechen?“

Holger sah Paul ernst an. „Also, Henry kann nicht in diesem Auto schlafen und es ist kein Zelt, nur ein Transportmittel. Es bringt uns schneller zu den Menschen die Hilfe brauchen“, erklärte Holger.

„Woher weißt du, wer Hilfe braucht?“, fragte Paul nach. „Es gibt Menschen, die uns anrufen und uns sagen, wo wir jemanden finden können und wir suchen auch.“

Mit großen Augen sah Paul auf. „Menschen rufen euch“, grummelte Paul leise. „Und ich darf nicht schreien. Warum dürfen die rufen und ich nicht?“

Holger verdrehte die Augen. „Sie rufen uns mit einem Telefon an. Das ist ein schwarzes Gerät und man kann rein sprechen, ohne dass man jemanden sieht, und Informationen weitergeben.“

„Ui, kann ich auch so ein Telelflon haben, dann kann ich anrufen und ihr könnt mich finden und ich bekomme die bunten Dinger für Henry und …“

„Halt‘s Maul, Paul. Sag, kannst du auch einmal zuhören. Du bekommst kein Telefon, jedoch Henry können wir eines geben.“

Paul rümpfte die Nase. „Ok, zwar doof, doch nun lass mich hier raus, ich will zu Henry.“

Holger öffnete die Tür und Paul huschte hinaus direkt auf Henry zu. „Henryyyyy, ist das nicht fantastisch, was die alles dabei haben, und so bunte Dinger, die musst du dir unbedingt geben lassen.“

Regine brachte gerade den Kaffee und hatte auch eine Tüte Gummibärchen in der Hand.

„Schau, schau, supertoll bunt.“

Henry lachte Paul an. „Wolltest du nicht heute Nacht bei Sophie bleiben?“, fragte er. „Ja, doch dann kam das Zeltauto und ich habe gedacht, das wäre ein schöner Platz zum Schlafen für dich, doch Holger sagt, da darf man nicht drin schlafen. Dort sind super Sachen drin und das ist von lauter Menschen, die an dich denken und an Sophie und …“

Henry hob die Hand. „Stopp, hol Luft beim Sprechen.“

Holger stellte sich zu Regine und beide lachten Henry an. „Da hast du dir einen Nervzwerg zugelegt. Sag uns, möchtest du einen neuen Schlafsack haben? Deiner sieht sehr kaputt aus.“

„Ja sehr gerne und wenn ihr vielleicht noch ein paar dicke Strümpfe hättet, wäre das sehr toll.“

Holger ging zurück zum Auto und Paul hopste hinterher. Kaum war die Heckklappe offen, war Paul schon drin. „Ui, das ist auch was Tolles. Was ist das?“

„Das ist eine Isomatte, die nehmen wir für Henry mit, dann liegt er wärmer als auf den Pappkartons.“

„So was hier auch?“ Paul zog ein Paket aus einer Kiste und grinsend schaute Holger ihn an. „Ok, doch, das kannst du ihm bringen.“ Holger schnappte sich den Schlafsack und die Isomatte und sah zu, wie sich Paul mit einem Beutel voller Hygieneartikel abmühte. Doch er kämpfte tapfer, auch wenn er mehr stolperte, schaffte er es bis zu Henry.“

„Schau, Henry, das habe ich dir ausgesucht.“ Strahlend legte Paul das Päckchen vor Henry.

Regine nahm Holger den Schlafsack ab. „Nun hast du einen neuen und kannst den alten entsorgen, dann ist es dir auch wärmer in der Nacht.“

Paul sah auf. „Ich möchte auch so einen Schlafsack. Bei Henry darf ich nicht drin schlafen und im Mantel werde ich gemopst. Bekomme ich auch einen?“, jammerte er. Regine sah Holger an und dieser schnaubte wieder. „Ja, ja … ich komm eh nicht gegen dich an.“ Und zu Paul gewandt: „Wir besorgen dir auch einen Schlafsack, in deiner Größe. Wir bringen ihn die nächsten Tage vorbei.“ Dann langte er in seine Tasche und er zog einen kleinen Karton heraus und gab ihn Henry. „Hier, Henry, wenn du was brauchst, ruf uns an und wir bringen es dir. Doch nun müssen wir weiter.“

Paul sah das Päckchen an. „Ist das ein Telelflon? Dann kann ich euch rufen, wenn ich die bunten Dinger brauche.“

Regine grinste Paul an. „Ja, jedoch kann auch jemand anderes vorbeikommen. Also merk dir das Auto, wie es von außen aussieht und nur die in den grünen Jacken gehören zu unserer Gruppe. Es gibt einige von uns und alle sind total lieb. Also benimm dich, wenn du sie siehst. So, und nun gute Nacht, ihr beiden."

Henry und Paul sahen dem Auto nach und dann kuschelten sie sich ein zum Schlafen. Regine sah Holger an. „Lass uns kurz zu mir fahren, ich habe etwas aus meiner Kindheit im Schrank liegen, das könnte sich ideal für Paul eignen."

Holger verdrehte die Augen. „Jetzt schlagen wir uns wegen einer Ratte, die Nacht um die Ohren. Wir haben noch so viele zu besuchen. Kann das nicht warten?"

Regine schnaubte. „Was du heute kannst besorgen, dass verschiebe nicht auf morgen. Wir helfen im Hier und Jetzt. Paul braucht einen Schlafsack, also holen wir einen passenden."

„Er ist eine Ratte, kein bedürftiger Mensch."

„Er ist ein Lebewesen und er benötigt unsere Hilfe. Wie ich immer sage, es ist alles eine Sache der Ansicht."

Holger stöhnte auf. „Ehrlich jetzt? Das kann ja heiter werden.“

Musst du müssen?

Paul schlug die Augen auf und strich vorsichtig über Henrys Bartstoppeln. „Pssst, Henry da liegt ein komisches Tier vor unserem Schlafsack."

Henry öffnete langsam die Augen. „Noch komischer als du?"

„Sehr witzig, du begibst dich auf dünnes Eis."

Henry lachte, rappelte sich hoch und sah sich um. Dann griff er nach dem rosa Teil mit roten Blumen. Paul schrie los. „Vorsicht, pass auf, dass es dich nicht beißt!"

Henry musste lachen und griff in das Fell.

„Das ist jetzt echt ekelhaft, was du machst." Paul konnte es nicht fassen und rümpfte die Nase.

„Ach, Paul, so ein Ding habe ich schon seit meiner Jugend nicht mehr gesehen und, schau, hier ist auch eine grüne Karte."

Paul schaute interessiert. „Was steht da drauf?

„Von Unsichtbar für Paul."

Paul stöhnte auf. „Was soll ich mit einem Stück toten Fell?"

Henry lachte wieder. „Schau, hier ist ein Eingang und da kannst du rein krabbeln. Es ist dein gewünschter Schlafsack, den sie dir heute Nacht noch vorbeigebracht haben."
Henry legte den Sack neben sich und hielt ihn vorne auf. Paul ging näher und, schwupp, war er drin, dass nur noch sein Schwanz raushing.

„Hey, das ist dunkel hier und ich sehe gar nichts."

Henry kicherte. „Du musst dich auch anders herum reinlegen. Das ist ein Muff. Früher hatten die Kinder so einen Muff um den Hals hängen und dann konnten sie im Winter die Hände reinstecken, wenn es kalt war."

Umständlich kroch Paul wieder aus dem Sack und krabbelte wieder rein, dass nur noch seine Nase herausschaute. „Wow ein Muffschlafsack. Nur für mich und er ist superkuschelig-megawarm."

„Na, das ist prima und nun lass uns frühstücken." Henry holte seine kleine Thermoskanne aus der Ecke und goss sich einen Kaffee ein. „Naja warm ist er nicht mehr, doch besser als nichts."

Paul sah Henry an und nahm den Keks, den er ihm reichte. Henry stand auf. „Du bleibst kurz hier, ich muss mal.“

Paul stutzte. „Was musst du mal, kann ich mitkommen?“

„Paul ich muss mal und du wartest hier.“

„Menno, ich muss auch mit müssen.“

„Nein, du wartest.“

„Henry, was musst du denn müssen, lass mich doch mitkommen.“

„Paul nein, und wenn ich gleich wieder da bin, erkläre ich es dir.“

Henry ging aus der Gasse und Paul schaute ihm muffelig hinterher. „Er muss müssen und ich darf nicht müssen. So ein Quatsch. Dabei könnte ich mit ihm müssen. Aber nein, ich darf nicht müssen …“

Henry kam lächelnd zurück und Paul fragte sogleich: „Na, warst du müssen und jetzt erzählst du es mir?“

Henry ließ sich nieder, nahm einen Schluck Kaffee und klopfte auf seine Beine. „Komm mal her. Also, als Obdachloser haben wir keine

Toilette, also müssen wir schauen, wo wir hingehen, wenn wir unser Geschäft verrichten."

„Mmh, wie, Geschäft? Was ist das?"

Henry seufzte auf. „Na wenn wir mal pinkeln müssen."

„Ach ja, das kenn ich. Doch dazu musst du doch nicht aus der Gasse gehen."

„Paul, wir Menschen haben normalerweise eine Keramikschüssel, diese nennt man Toilette, in einem extra Raum. Doch hier auf der Straße haben wir die nicht. Es gibt öffentliche Toiletten, da kann jeder drauf, doch die sind oft zugeschlossen und kosten Geld. So suche ich mir einen Busch, wo ich mich hinter verstecken kann."

Paul sah ihn mit Kugelaugen an. „Oh, wir Ratten …"

„Halt's Maul, Paul. Ich will das nicht hören, wie ihr Ratten das macht, und auch du wirst es nicht mehr hier in der Gasse tun, wo wir schlafen."

Paul schaute irritiert. „Brauch ich jetzt so eine Keramikschüssel? Ehrlich, das ist voll kompliziert, ein Obdachloser zu sein. Wirklich voll doof."

„Das ist eben so, man gewöhnt sich daran. Doch es ist wirklich nicht leicht. Gerade diese einfache Sache, wie ein Toilettengang, ist oft sehr schwierig. Man kann nicht irgendwo hingehen, möchte dabei auch etwas allein sein und wehe, man hat Durchfall oder so. Es ist wirklich etwas, was ich an meinem Obdachlosendasein hasse."

Paul überlegte. „Kannst du dir nicht einfach eine dieser Schüsseln besorgen?"

Henry lachte. „Nein, so einfach ist das nicht. Wenn wir nachher in die Suppenküche gehen, zeige ich dir, wie eine richtige Toilette aussieht."

Paul riss die Augen auf. „Die Suppenküche hat eine? Dann kannst du die mitnehmen oder wir telelolieren mit Holger, der kann uns eine mitbringen."

Henry stand auf und packte seine Sachen zusammen. „Geh mal vom Muff weg, ich steck ihn mit zu meinen Sachen, damit ihn keiner klaut."

Als alles zusammengeräumt war, griff Henry nach Paul und steckte ihn in seine Jackentasche. „So, und nun Ruhe, ich möchte wieder in die Kleiderkammer und schauen, ob ich einen Gürtel für meine Hose bekomme. Die neue Hose rutscht etwas.“ Sie liefen los und waren sehr schnell wieder in der Kleiderkammer.

„Darf ich raus und etwas stöbern?“, flüsterte Paul. Henry schnappte sich Paul und setzte ihn vorsichtig unter einen der Kleiderständer, als eine Stimme erklang. „Na wieder da, Henry? Ist dir was runtergefallen? Was brauchst du heute?“

Henry schüttelte die ihm dargebotene Hand. „Hallo Edith. Nein, ich dachte nur, da liegt was. Ich suche einen Gürtel.“

„Die hängen da hinten.“ Sie zeigte in die genannte Richtung, als das Telefon klingelte.

„Such dir einen aus, ich bin gleich wieder da.“

Edith ging ans Telefon und Henry suchte Paul. Leise rief er: „Paul, wo bist du hin?“

„Hier drüben“, kam es flüsternd zurück. „Schau, was ich gefunden habe. Die müssen wir mitnehmen.“

Henry starrte entsetzt Paul an. „Was machst du da auf der Vase?“

Paul grinste wie ein Honigkuchenpferd. „Na ich tu müssen. Das ist Keramik.“

Henry schlug die Hände vor den Kopf. „Das darf jetzt nicht wahr sein. Bist du verrückt? Das ist eine Vase.“

Paul hockte auf der Vase und starrte Henry an. „Du hast doch gesagt, man muss normalerweise auf Keramik und ich musste müssen.“

Henry schnappte Paul und stopfte ihn kopfüber in seine Tasche. „Du hast doch nicht wirklich da rein gemacht?“

Paul brummelte aus der Tasche. „Ich musste müssen, klar hab ich.“

Henry sah sich nach Edith um. Sie war noch am telefonieren. „Boah, Paul was mach ich jetzt bloß?“ Ratlos überlegte Henry.

„Steck die Blumen wieder rein“, kam es gedämpft aus der Tasche. Henry sah sich nach den Blumen um und entdeckte sie auf dem Boden. Er hob sie auf und stand unschlüssig vor der Vase, als Edith von hinten an ihn herantrat.

„Oh, willst du die Blumen mitnehmen?“

„Ähm .. .nein, die Vase, die Vase find ich toll.“ Verlegen schaute er Edith an.

„Was willst du denn mit einer Vase?“

Henry zuckte die Schultern. „Mir Blumen reinstellen.“

Edith lächelte. „Naja, dann nimm sie mit und die Blumen auch gleich. Dann ist es etwas bunter in deinem Eckchen.“

Henry bedankte sich, schnappte die Vase und verließ fluchtartig den Laden. „Das kann alles nicht passiert sein! Paul, was soll ich nun mit der Vase?“ Paul steckte die Nase aus der Tasche. „Na rein müssen, dazu ist sie doch da.“

Henry verdrehte die Augen. „Jetzt gehen wir zuerst in die Suppenküche und ich zeige dir die Toiletten, damit du mich verstehst. Ach, und auch gleich die Duschen.“

„Darf man in den Duschen auch müssen?“

Henry drückte Paul in die Tasche. „Halt‘s Maul, Paul.“

Künstlicher Regen

Die Suppenküche war heute gut besucht und Henry ging zu einem Tisch etwas abseits. Dort waren zwei andere Obdachlose und hatten eine Suppe vor sich stehen. „Hallo, Andy. Hallo Tom. Wie geht es euch?“, begrüßte sie Henry.

Andy sah auf. „Ach, der Henry. Sag mal, was hört man von dir, du sprichst mit dir selbst? Wirst du jetzt verrückt?“

Tom kicherte los. „Hi, hi, ddduuu ver...rückter Ke...kerl“, stotterte er.

Henry sah beide an. „Naja, wir sind doch alle etwas anders und wenn man viel alleine ist, mit wem soll man denn reden?“

Aus seiner Tasche kam ein leises Brummeln. „Klar, ich bin ein Selbstgespräch, keine Ratte, kein Paul, nee, ein Selbstgespräch. Sag mal, was riecht hier so grässlich, ich denke, du warst dich gestern waschen?“

„Psst, Paul, ich war mich gestern waschen, doch die Duschen waren belegt, so werde ich das jetzt machen.“

Andy sah Henry an. „Ich heiße immer noch Andy, nicht Paul, und was erzählst du mir, dass du duschen willst, geh doch.“

Henry schaute genervt. „Das könntet ihr beide auch mal wieder gebrauchen, so, wie ihr riecht.“

Andy lachte. „Hat doch eh wenig Sinn, in einer Stunde ist man wieder dreckig auf der Straße.“

Kopfschüttelnd ging Henry Richtung Duschen davon.

Paul lugte aus der Tasche. „Ähm, Henry, warum willst du duschen, wenn du gleich wieder dreckig wirst? Das hat doch gerade der Andy gesagt.“

Henry ging durch eine Tür, sah sich um und als er merkte, dass da niemand war, griff er nach Paul und zog ihn aus der Tasche. Er hielt ihn auf Augenhöhe. „Paul, klar wird man auf der Straße schnell wieder dreckig. Als Obdachloser schläft man im Dreck. Wir haben keinen Teppichboden oder einen Besen. Wir können nicht so oft Hände waschen, da wir kein

Waschbecken haben. Doch das heißt nicht, dass wir uns nicht waschen."

Paul zog eine Schnute. „Mmh, das verstehe ich jetzt nicht. Warum soll man sich erst die Mühe machen sich zu waschen, wenn man sowieso wieder schmutzig wird?"

Henry schaute genervt. „Paul, es hat etwas mit Körperpflege zu tun. Wir sind vielen Viren und Schadstoffen ausgesetzt auf der Straße, die muss man sich abwaschen, sonst wird man krank. Ich mag es, mich zu waschen und sauber zu fühlen. Jedoch gibt es auch welche, die zu lange auf der Straße leben. So wie Andy und Tom. Die beiden sehen immer schmuddelig aus. Doch sie haben viele Probleme. Dadurch vergessen sie oft, dass sie sich hin und wieder mal duschen sollten oder auch die Kleidung waschen und wechseln."

Paul schnupperte. „Das warst gar nicht du, wo es gerade so gerochen hat. Boah, voll krass, und das nur weil sie Probleme haben?"

Henry schnaubte. „Weißt du, jeder von uns Obdachlosen hat eine Geschichte, warum und wieso er obdachlos geworden ist. Sie haben

Sorgen und Ängste und da wird schon mal das, was früher zum selbstverständlichen Alltag gehörte, wie Zähne putzen, duschen und Kleidung wechseln, vergessen. Oft fehlt das Zeitgefühl. Man bildet sich ein, dass man erst gestern geduscht hat und eigentlich sind schon Tage vergangen. Es passiert nicht mit Absicht, da stecken viele Gründe dahinter. Man merkt es selbst nicht mehr, ob man sauber oder dreckig ist. Hast du alles nah bei dir, ist es leicht, doch musst du einen Weg zurück gehen, um dorthin zu kommen, ist es schwieriger, sich aufzuraffen. Wir verschieben dann schon gerne etwas."

Paul zappelte in Henrys Hand. „Lass mich runter. Wo sind diese Duschen?"

Henry setzte Paul auf die Bank. „Wenn die Tür aufgeht, versteck dich in meiner Kleidung, dass dich niemand sieht. Doch jetzt sind die meisten beim Essen, also denke ich, dass wir alleine bleiben."

Henry zog sich aus und Paul schaute ihn mit großen Augen dabei zu. „Ähm, Henry, gegenüber deinen Händen ist dein restlicher Körper sehr sauber. Reicht es nicht, nur die Hände zu duschen?"

„Nein, man duscht ganz. Ich mag es, am ganzen Körper sauber zu sein." Er ging in den Nebenraum, dort gab es die Duschen, und drehte das Wasser auf. Paul kroch hinterher und kreischte auf. „Menno, pass auf!!! Wo kommt denn jetzt der Regen her, haben die hier einen Dachschaden."

Henry grölte lachend los. „Dachschaden, ha, ha, ha, nein, dieser Regen ist die Dusche und da stell ich mich jetzt drunter und wasch mir die Straße ab." Immer noch kichernd fing er an, sich einzuseifen.

Paul beobachtete verstört die Aktion. „Ähm, ähm … Ähm ..." Er räusperte sich. „Also, das ist doch voll doof. Draußen regnet es auch öfters, da kannst du doch jederzeit duschen. Versteh ich nicht, dass man dazu hierher kommen muss."

Henry blinzelte zwischen dem Dampf zu Paul. „Ich kann mich doch nicht nackt auf die Straße stellen und einseifen. Außerdem ist hier warmes Wasser und der Regen da draußen ist kalt. So, und nun lass mich zuende duschen."

Paul hüpfte zurück zur Bank und beobachtete Henry. Dieser trocknete sich ab und fing an, seinen Bart abzurasieren, dann schlüpfte er in frische Klamotten aus seiner Tasche. Mittlerweile lag Paul auf dem Rücken, hatte alle vier Pfoten von sich gestreckt und sein Schwanz hing zwischen den einzelnen Brettern hinunter. Er flüsterte leise vor sich hin. „Echt jetzt, das dauert. So viel Arbeit für nix. Kaum sauber, gleich wird er wieder dreckig. Voll kompliziert das Obdachlosendasein. Naja ich bin auch obdachlos, doch bevor ich hier dusche, stell ich mich in den Regen."

Henry zeigte mit dem Finger auf ihn. „Paul, du bist eine Ratte." Dann zeigte er auf sich. „Und ich bin ein Mensch. Dieser kleine Unterschied macht sehr viel aus. Nun komm, wir müssen weiter."

Paul sah Henry an. „Darf ich noch was fragen?"

„Was denn jetzt?"

„Naja, also wenn wir jetzt rausgehen, kommen die ganzen Viren und schädlichen Stoffe und greifen dich wieder an. Warum schlafen wir nicht direkt hier, dann bleibst du sauber."

Henry schüttelte den Kopf, packte Paul und stopfte ihn lachend in die Manteltasche. „Paul, das geht nicht. Wir nehmen uns noch einen Apfel mit und dann gehen wir nach Hause."

Paul dachte laut: „Menschen sind schon komische Wesen, gut, dass ich eine Ratte bin."

Hüh Hot im Galopp

Plötzlich blieb Henry stehen und sagte: „Ach, ich hab ganz vergessen, dass Freitag ist."

„Was ist Freitag?", fragte Paul. „Freitag ist ein Wochentag."

Paul knurrte. „Boah, das weiß ich auch, ich bin zwar ne Ratte, jedoch nicht doof." Sorgenvoll schaute Henry in die Gasse.

„Naja, Freitag kommt die Müllabfuhr. Normalerweise nehme ich meine Sachen dann immer weg. Ich hoffe, dass sie diese liegen gelassen haben."

Paul schaute Henry erschreckt an und beobachtete den großen Müllwagen, der gerade vor der Gasse wieder losfuhr, und stutzte. „Heeeeeeey, da ist mein Muff, mein schöner Muff!!!!!", rief er panisch und hüpfte aus der Tasche. Er rannte los und sah sich zu Henry um. „Bin gleich wieder da, hol nur meinen Muffschlafsack!"

Henry schaute Paul hinterher, dann sah er aus der Müllklappe hinten den Muff raushängen. Er kniff die Augen zu, als Paul einen Satz machte und auf den Wagen hinten aufsprang.

„Wenn das mal gutgeht."

In der Gasse suchte Henry seine Sachen und musste feststellen, dass seine neue Isomatte, sein Wäschesack und auch der Schlafsack verschwunden waren. Seufzend ließ er sich nieder. Er fühlte sich auf einmal sehr allein.

Paul hing derweilen am Müllwagen. Besser gesagt, an seinem Muff, der aus dem Müllwagen heraushing. „Menno, warum hält der nicht an? Wie soll ich denn Henry wiederfinden?"

Die Fahrt endete auf der großen Müllhalde am Stadtrand. Der Kipper wurde aktiviert und Paul kullerte samt Muff auf einen Berg von Müll. Er hustete und schimpfte. „Eh, echt krass, jetzt ist mein Muff dreckig. Menno, schalt deine Abgase aus, du doofes Müllauto."

Er hustete wieder und kämpfte sich aus dem Müllberg. Seinen Muff zog er hinter sich her. „Echt jetzt? Wie soll ich wieder zu Henry finden?" Mehr stolperte er, als dass er ging, an den Müllbergen vorbei in Richtung Zaun.

Plötzlich hörte er ein Bellen und kurz darauf: „Hey, schau mal ein Marder."

Paul blieb stehen und starrte den Mann mit dem Hund böse an, der am Zaun stand. „Ich bin kein Marder, ich bin Paul, eine Ratte, und nerv mich nicht."

Mit weit aufgerissenen Augen schaute der Mann zurück. „Hast du gerade gesprochen?"

„Klar habe ich gesprochen, und, nein, ich weiß nicht, warum du mich verstehst, doch ich muss jetzt zurück zu Henry, also, ich habe keine Zeit." Paul wollte gerade weitergehen, als der Hund näher kam und an ihm schnüffelte.

„Hey, du Spitzgedackeltermischterrier, ich bin kein Futter." Paul schaute empört.

Der Mann setzte sich auf seinen Rollator, der neben ihm stand und schaute Paul an. „Der Wahnsinn, eine Ratte die reden kann, mit einem Stück Fell. Sag, verstehst du mich auch? Ich bin", er deutete mit seinem Finger auf sich,. „bin Einstein. Also, so werde ich genannt und du", er deutete auf Paul, „bist Paul."

Paul schlug die Pfoten vor die Augen. „Sag ich doch."

Einstein lachte. „Ich bin obdachlos. Das ist übrigens Zwerg, mein Hund.“ Er streichelte dabei Zwerg übers Fell.

Paul lachte. „Zwerg, ehrlich jetzt?“

Zwerg knurrte. „Pssst, guter Hund, Ratten sind nicht genießbar, wir schmecken ekelig“, brummelte Paul und setzte sich auf seinen Muff. „Also ich muss wirklich weiter. Henry wartet auf mich. Wenn ich nur wüsste, wo Henry ist.“ Er schaute Einstein an. „Was machst du hier auf der Müllhalde?“

Einstein zeigte auf seinen Rollator, in dem einige komische Dinge lagen. „Schau, ich sammle Dinge. Die Leute schmeißen viel weg, was ich noch reparieren kann. Das kann ich dann verkaufen und bekomme Geld dafür. An Tagen wie heute, wenn der Müllwagen kommt, bin ich dann hier und suche, ob ich etwas Neues finde. Schau, das ist ein Radio.“

„Ein Radio, was ist das?“, fragte Paul.

„Muss man dir alles erklären?“

Paul kicherte. „Ja alles. Ich bin gierig.“

„Was? Du meinst bestimmt neugierig.“ Einstein schaute ihn fragend an.

„Ja, auch so.“

Paul dachte nach, dann sprang er auf. „Hast du ein Telelflon? Dann kann ich Holger anrufen und die können mich mit dem fahrbaren Zelt abholen und zu Henry bringen. Der ist von Unsichtbar und er hat gesagt, wenn ich was brauche, soll ich telefolieren.“

Einstein überlegte. „Nein ich habe keines, doch ich weiß, wer eines hat, und ich kenne die Menschen von Unsichtbar. Komm mit.“

Er stand auf und ging mit seinem Rollator los, nebenher lief Zwerg. Paul schnappte sich seinem Muff und folgte. Es dauerte nicht lange und der Abstand wurde größer. „Hey, wartet auf mich, ich kann nicht so schnell mit meinen Muff.“

Zwerg trabte zurück zu ihm. „Na dann steig auf. Doch ich sage gleich, verrate es keinen, dass ich eine Ratte auf mir reiten lasse“, knurrte er.

„Du verstehst mich auch?“ Erstaunt riss Paul die Schnute auf. Zwerg bellte.

„Klar, bin doch ein Tier.“

Paul verdrehte die Augen und sprang mit Muff auf Zwergs Rücken. „Ich wusste doch nicht, dass Hunde rattisch verstehen."

Zwerg drehte den Kopf. „Rattisch? Ehrlich jetzt, du bist etwas verrückt, oder?"

Paul schwieg und sah die Straße entlang.

Einstein sah zu ihm und sagte. „Henry? Meinst du Henry von den Mülltonnen?"

Paul riss die Augen auf. „Ja, das ist mein Henry. Woher kennst du ihn? Kannst du mich zu ihm bringen? Er macht sich sicher schon Sorgen, obwohl ich ihm gesagt habe, ich bin gleich wieder da. Doch das Gleich ist schon lange her …"

„Stopp. Moment mal. Also wenn ich das richtig verstanden habe, gehörst du zu Henry", hakte Einstein nach.

„Ja genau, ich bin sein Freund. Hast du nun ein Telelflon?"

Einstein lachte. „Es heißt Telefon und nochmal nein, doch ich weiß, wer eines hat."

„Woher kennst du so viele?", fragte Paul.

„Wir treffen uns in der Suppenküche und auch auf der Straße. Wir Obdachlosen helfen uns auch untereinander. Das ist wichtig, denn sonst wären wir ganz alleine. Wir achten aufeinander. Deswegen kenne ich auch die netten Leute von Unsichtbar und eben jemanden, der ein Telefon hat."

Paul grinste wie ein Hefebrötchen. „Cool, schau, den Muffschlafsack habe ich von ihnen bekommen und der doofe Müllwagen hat ihn einfach mitgenommen."

Mittlerweile hing der Muff an Zwergs Hals. Es sah wirklich lustig aus. Paul krallte sich in Zwergs Fell fest und man sah ihm an, dass er irgendeinen Blödsinn vorhatte. Plötzlich stellte er sich auf und schrie. „Hü, schneller, ich bin der Rodeoreiter, Jippiiii!“

Zwerg blieb stehen. „Sag mal, geht’s noch? Ist schon peinlich genug, dass eine Ratte auf mir reitet.“ Einstein kicherte los. „Du bist ein humorvoller kleiner Kerl. Doch schau, dort vorn sitzt Jockel, der hat ein Telefon.“

Kaum hatten sie Jockel erreicht, sprang Paul von Zwerg und stellte sich vor ihn. „Huhu ich bin Paul und ich brauch ein Telelflon, um Unsichtbar anzurufen. Frag nicht, ja, ich kann sprechen und, ja, ich bin eine Ratte, also hast du nun ein Telelflon?“

Jockel starrte Paul an, dann zu Zwerg und dann zu Einstein. „Ich weiß genau, dass ich nichts getrunken habe.“

Einstein kicherte. „Das Gefühl kenne ich, doch den hier gibt es wirklich.“ Er zeigte auf Paul. „Er gehört dem Henry und irgendwie müssen wir ihn wieder zu ihm bringen. Ehrensache, wir kümmern uns umeinander."

Paul blinzelte Jockel zu. „Darf ich jetzt telelflonieren?"

Jockel zog ein Telefon aus seiner Tasche und hielt es hoch. „Ok, ich habe die Nummer von Unsichtbar." Er tippte auf dem Telefon herum.

„He, mach es nicht kaputt, du sollst telelieren und sag, dass ich zu Henry muss und sie sollen das fahrbare Zelt mitbringen."

Einstein prustete los. „Paul, immer mit der Ruhe, er muss die Nummer eingeben und dann warten, bis einer abnimmt."

Gespannt beobachtete Paul den Vorgang, dann hörte er eine Stimme. „Hallo guten Abend, hier ist Holger von Unsichtbar."

Jockel räusperte sich. „Ähm, ich bin's, der Jockel. Also, es ist so ..."

Die Stimme erklang wieder. „Sag es einfach, wir helfen dir gerne."

„Also, ich will direkt vorweg sagen, ich bin nicht verrückt. Also, ähm … hier sitzt eine Ratte vor mir und will euch sprechen", stieß er hastig aus.

„Paul!!!!!“, kam ein Schrei aus dem Telefon, dass sogleich Paul näher huschte und Jockel ihm das Telefon nach unten hielt. „Heeeey Holger, bist du da drin. Ich brauche das fahrbare Zelt und mein Muff war im Müllwagen – ich muss zu Henry – du musst sofort da raus kommen!“

Ein herzhaftes Lachen erklang. „Jockel, wo bist du, dann kommen wir vorbei und retten dich vor dem kleinen Kerl und bringen ihn zurück zu Henry.“

Jockel erklärte den Weg und Paul hüpfte aufgeregt vor ihm herum. „Wann kommt er? Bringt er auch die bunten Dinger mit?“

Einstein räusperte sich laut. „Halt‘s Maul, Paul. Nur einen kurzen Moment.“

Paul setzte sich hin und beobachtete alles mit großen Augen. Als Jockel das Telefon wieder einsteckte, schrie er los. „Hey, lass es da, der Holger muss doch da rauskommen!“

Einstein schlug die Hände an die Stirn. „Paul, der ist nicht da drin. Doch er hat gesagt er kommt nachher. Also müssen wir jetzt hier warten, bis er dich abholt.“

Paul zog seinen Muff von Zwerg und versuchte, den Dreck abzuklopfen. „Menno, immer warten. Was mach ich jetzt so lange?“ Jockel griff nach Paul und hob ihn zusammen mit dem Muff zu sich. „Paul, bald bist du wieder bei Henry, also Geduld.“

Paul zog eine Grimasse. „Warum geht das nicht schneller? Was machen wir jetzt so lange?“ Er sah Einstein an.

„Tja, ich werde meine Sachen etwas sortieren.“

Paul schaute interessiert und schlüpfte vom Muff. „Zeig mal und woher weißt du, was du noch gebrauchen kannst?“

Einstein gluckste. „Ach, ich habe davon viel Ahnung. Ich war Ingenieur, also ich habe sogar Diplome. Früher habe ich in einer großen Firma gearbeitet, im Bauwesen.“

Paul riss die Augen auf. „Wow, krass, und warum machst du das nicht mehr?“

Einstein seufzte. „Ach, das ist eine lange Geschichte. Nur so viel. Manchmal geht das Leben seltsame Wege und kaum hast du dich versehen, ist alles weg – Arbeit, Wohnung, sogar

Freunde und dann steht man plötzlich alleine da."

Paul schniefte. „Das ist nicht schön. Freunde einfach weg. Doch du hast doch so ein Dingsda, kann man denn nicht etwas damit bauen?"

Jockel kicherte. „Das Dingsda, du meinst sicher das Diplom, hilft ihn auf der Straße auch nicht weiter."

„Ja, das Dipelon", sagte Paul.

„Es heißt Diplom. Ach, egal, Paul, es hilft mir hier auch nicht. So, und nun schauen wir was ich alles heute gefunden habe." Einstein fing an in seinen Sachen zu kramen. „Wow, was ist das und das? Oh, was ist das hier?"

Paul schnupperte an allem herum. Einstein stöhnte auf. „Fragst du immer so viel? Drehen wir doch die Fragen um. Warum hast du so große Ohren? Das ist voll unnormal für eine Ratte."

Paul kicherte. „Damit ich dich besser hören kann."

Jockel lachte herzhaft auf. „Schlagfertig bist du. Dein Fell ist auch nicht normal, doch deine blauen Augen sind noch ungewöhnlicher."

Paul sah ihn durchdringend an. „Die habe ich, damit ich euch besser sehen kann.“

Jetzt kugelte sich Einstein vor lachen. „Du bist voll krass, Kleiner. Henry kann sich glücklich schätzen. Wir lachen viel zu wenig.“ Einstein suchte weiter in seinem Rollator und Paul saß gelangweilt daneben.

Ein TOM für alle Fälle

Plötzlich hörten sie ein Auto näherkommen. Paul schrie los. „Da sind sie ja schon! Hey, mach das Zelt auf, ich will zu Henry!“ Holger und Regine stiegen kichernd aus und Paul huschte hinein.

„Guten Abend. Na, hat er euch auf Trapp gehalten?“

Jockel und Einstein grinsten. „Ja, der Kleine bringt Action. Henry ist zu beneiden und wiederum nicht.“ Jockel sah zu Paul hinüber, der schon im Auto saß. „Naja, Paul, ich hoffe, dass wir uns wiedersehen. Ist lustig mit dir.“

Holger blickte zu Paul. „Paul, es dauert noch, erst bekommen Jockel und Einstein was Warmes und auch für Zwerg haben wir etwas dabei.“

Paul sah genervt vom Autositz zurück. „Menno, ich muss doch zu Henry.“

„Du kommst noch früh genug zu Henry. Was hast du mit deinem Schlafsack angestellt?“ Regine nahm von Jockel den Muff entgegen und sah ihn entsetzt an, als Paul losschrie. „Hey, das ist mein Muff, der olle Müllwagen hat ihn geklaut! Deswegen bin ich ja hier." Regine versuchte, den Dreck abzuschütteln.

„Okay, doch der muss erst gewaschen werden. Ist ja total verdreckt."

Paul rümpfte die Nase. „Nö, kommt gar nicht in die Tüte, der duscht nicht. Mein Muff. Henry hat gesagt, kaum sauber ist man gleich wieder dreckig auf der Straße. Innen ist er sauber und ich schlafe innen. Kannst du ihn nur etwas ausklopfen?"

Regine versuchte ihr Bestes, während Holger Suppe und Kaffee zubereitete.

„Wann können wir endlich los?"

Genervt schaute Holger zu Paul. „Gleich, jeden Augenblick – hetz mich nicht." Und zu den beiden gewandt: „Ruft an, wenn ihr etwas benötigt, und wir kommen vorbei. Schönen Abend und passt auf euch auf."

Mit einem gegenseitigen Winken und Lächeln verabschiedeten sie sich. Regine nahm Paul auf den Schoß. „Jetzt geht es zu Henry."

Holger schnaubte laut auf. „Rattentaxi, echt jetzt. So langsam glaube ich, dass ich gar nicht mehr aus dem Albtraum erwache, in dem ich mich befinde. Viele Ratten sind gruselig, eine Ratte noch gruseliger – ich schlafe eindeutig zu viel."

Paul sah verstört Regine an. „Er träumt? Ehrlich jetzt. Echt krass."

Schnell hielt sie Paul die Schnauze zu und flüsterte ihm ins Ohr. „Pssst – immer lächeln und winken. Lass ihn in dem Glauben, dass er einen Albtraum hat, sonst setzt er dich gleich vor die Tür."

Paul sah aus dem Fenster. „Da ist Henry … stoooopppppp!!!!!"

Holger trat auf die Bremse. „Was ist jetzt los? Kannst du nicht warten?"

Aufgeregt zeigte Paul nach draußen. Sie waren nur wenige Meter von der Gasse entfernt und Henry lief gerade entlang. „Ach, er war sicher noch mal müssen." Paul sah Holger an. Dieser ließ das Fenster runter und rief: „Hallo Henry, vermisst du zufälligerweise etwas?"

Henry drehte sich zum Auto um. „Hallo, was soll ich vermissen? Ich hab doch nichts oder zumindest nicht viel."

Ein Fellknäuel flog durch das Autofenster nach draußen und krallte sich an Henrys Mantel. „Huhu, da bin ich wieder. Hast du mich vermisst?

Der olle Müllwagen wollte nicht anhalten und dann habe ich teleloliert mit Holger und Einstein hat mich zu Jockel gebracht … Moment, warte … also, Zwerg hat geknurrt und Jockel hat Einstein meinen Muff … ach, egal. Holger ist in dem Telelflon gewesen und …“

Holger stöhnte genervt auf. „Halt‘s Maul, Paul, das ist das totale Chaos, was du erzählst, und vor allem hole Luft dazwischen.“

Henry kicherte los, als Regine ihm den Muff reichte. „Na super, der Muff ist gerettet, dann können wir ihn uns heute Nacht teilen.“

Paul sah Henry fragend an. „Teilen? Mein Muffschlafsack hat nur Platz für mich, du hast deinen eigenen.“

„Nein, ich habe keinen mehr. Die Müllabfuhr hat ihn leider mitgenommen. Ich hatte doch vergessen, dass heute Freitag ist.“

Holger öffnete die Heckklappe und nahm einen neuen Schlafsack und auch eine Isomatte heraus. „Kein Problem, wir lassen dich nicht frieren.“

Henry wehrte mit beiden Händen ab. „Nein, das kann ich nicht annehmen. Es gibt viele andere, die es dringender brauchen. Ich bin selbst schuld daran.“ Henry drehte sich um und schlurfte in die Gasse. Regine ging hinterher.

„Henry, wir geben ihn dir gerne und auch denen, die einen benötigen. Du passt doch sonst auf deine Sachen auf. Also nimm ihn.“

Holger legte die Sachen neben Henry, der sich auf ein Stück Karton gesetzt hat. „Schau deine Ratte an.“ Paul zischte ihm entgegen. „Ok, ok, schau Paul an. Der macht sich sonst Sorgen um dich. Also nimm es an und nun bekommst du von uns noch ein TOM.“

Paul ging hektisch dazwischen. „Er braucht keinen Tom. Er hat doch mich, den Paul. Was will er mit einem Tom?“

Holger stöhnte auf. „Ein TOM ist eine Tasche für obdachlose Menschen. Abgekürzt TOM. Darin befinden sich ein paar Kosmetikartikel, warme Strümpfe, ein warmes T-Shirt und noch mehr. Damit Henry die Nacht gut übersteht.“

Regine brachte gerade noch eine Suppe und Paul reichte sie eine Tüte. „Schau, hier hast du noch bunte Bärchen.“

Es erklang noch eine ganze Zeit lustiges Gelächter aus der Gasse.

Weggetreten

Am nächsten Morgen erwachte Paul in seinem Muff und schlüpfte sogleich ins Freie. Er stutzte, denn Henry war nicht da. „Wo ist er nur hin? Musste er wieder müssen?“ Langsam tippelte er zum Eingang der Gasse und sah sich um. Dabei merkte er nicht, dass er schon mitten im Weg stand, als ein Schrei erklang. „Iiiiii ekelig, ne Kanalratte!“ Im nächsten Augenblick sah er einen großen Schuh auf sich zukommen und er bekam einen Tritt, dass er in die Gasse flog. Er krachte gegen die Mülltonne und blieb benommen auf dem Rücken liegen. „Paul, Paul – hörst du mich?“ Er spürte, wie er vorsichtig hochgenommen und an einen warmen Körper gedrückt wurde. „Hey, mein Freund, wach auf.“

Paul schlug die Knopfaugen auf und sah in Henrys besorgtes Gesicht. „Oh Henry, warst du müssen?“

„Das ist doch jetzt völlig egal. Dieser Mensch hat dich getreten. Ich hab's noch gesehen und dann flogst du schon in die Gasse."

Paul rappelte sich auf. „Nix passiert. Mir geht's gut. Alles ok. Keine Sorge, wirklich alles noch dran." Er tastete sich ab, dann starrte er auf seine Pfote und schwankte. „Henry!!!!", schrie er. „Ich glaub … oh Mann … ist das Blut?!" Seine Augen verdrehten sich und Henry konnte ihn gerade noch auffangen, bevor er in Ohnmacht fiel.

Henry nahm ein kleines Taschentuch und presste es an Pauls Ohr. „Kein Grund zur Sorge, nur eine kleine Platzwunde. Doch hier auf der Straße kann das lebensgefährlich werden. Ich kenne einen, der hatte nur einen kleinen Schnitt am Finger und am Ende war der ganze Finger schwarz, weil er ihn nicht behandelt hat." Paul schlug die Augen auf und sah Henry entsetzt an. „Ok, keine Panik, wir werden dein Ohr verbinden." Henry sah es sich genauer an und überlegte. „Weißt du was. Ich kenn da einen Arzt. Naja, er ist kein Tierarzt, doch vielleicht kann er sich dein Ohr ansehen. Ich muss eben überzeugend sein."

Paul sah ihn skeptisch an, schwieg aber. „Paul, du gefällst mir wirklich nicht. Du bist zu still. Hast du Schmerzen?" Paul schaute Henry aus feuchten Augen entgegen und schniefte, dass Henry ihn besorgt anblickte. „Sei tapfer, mein kleiner Freund. Ich denke, es ist besser, wir machen uns gleich auf den Weg."

Schnell packte er seinen Schlafplatz zusammen und versteckte alles gut, dann schlang er sich den Muff um den Hals und legte Paul hinein. Zärtlich streichelte er ihm übers Fell. Paul fing an zu knurren oder war es ein Schnurren? Schnurren Ratten? Henry gluckste und lief los.

Er fragte sich durch, wo das Obdachlosenmobil heute war. Dieser Bus kam zu verschiedenen Zeiten und obdachlose Menschen konnten sich dort von Ärzten behandeln lassen. Er musste durch die ganze Stadt zum anderen Ende. Doch das war ihm egal. Paul war Henry wichtig geworden. Dort angekommen stellte er sich in die Reihe. Es war gut, dass es mobile Ärzte gab, die sich um Menschen wie ihn kümmerten. Klar konnte man zu einem Arzt in die Praxis gehen oder ins Krankenhaus, doch das war peinlich und Henry traute sich das nicht. Die Menschen wollen keine obdachlosen in den Wartezimmern. Immer wieder griff er in den Muff und es beunruhigte ihn sehr, dass Paul so still war. Als er an der Reihe war, trat er in den Bus. „Hallo Henry, lange nicht gesehen. Was kann ich für dich tun?"

Henry drückte die ihm dargebotene Hand. „Hallo Dr. Braun, schön, dass Sie heute da sind."

Dr. Braun lächelte. „Henry, wir kennen uns schon so lange, nenn mich Alexander oder Alex und du kannst gerne du sagen. Also, was fehlt dir?"

Henry schaute verlegen zu Boden. „Also … ähm … naja, es ist eigentlich so, dass nicht ich Hilfe brauche, sondern mein Freund."

Alex sah sich um. „Wo ist er? Soll ich mitkommen? Traut er sich nicht zu uns?"

„Ähm, nein. Er ist mein besonderer Freund und er wurde getreten. Naja, ich …“

Alex lachte. „Was druckst du rum, sag es einfach, ich beiße nicht.“

„Aber ich …“, kam es aus dem Muff.

Alex sah sich um. „Wer ist da? Ich habe deutlich eine Stimme gehört.“

Henry seufzte und griff in den Muff. „Also, Alex, ich möchte dir Paul vorstellen, meinen Freund. Ok, er ist eine Ratte, ich weiß. Jedoch eine besondere Ratte.“

Mit offenem Mund starrte Alex auf Paul, den Henry vorsichtig aus dem Muff zog und in seinem Arm bettete. „Henry, das geht nicht. Du kannst doch eine Ratte nicht in unser steriles Ärztemobil bringen.“ Alex schüttelte den Kopf und Henry schaute traurig. „Aber er ist verletzt und ich weiß nicht, wie ich ihn richtig behandeln soll. Weißt du, normalerweise quatscht er immerzu, doch er ist so still. Bitte, bitte hilf mir.“

Alex ging zur Tür und legte den Riegel um, dann kam er zurück. Henry legte Paul auf die Liege. „Ok, weil du es bist. Doch bedenke, ich bin kein Tierarzt. Was hat die kleine Maus denn?“

Empört schlug Paul die Augen auf. „Hast du gerade Maus gesagt? Ich bin eine Ratte, eine besondere Ratte, und keine Maus.“

Alex wich zwei Schritte zurück und starrte abwechselnd zu Paul und Henry. „Ähm, hat die gesprochen?“

Paul rappelte sich hoch. „Du verstehst mich. Das ist ja cool. Also frag gar nicht, warum oder wieso, ich weiß es auch nicht.“

Alex ließ sich auf den Hocker fallen und Henry strahlte.

„Paul, ich habe mir solche Sorgen gemacht. Wie geht es dir?“

Paul runzelte seine Stirn. „Warum hast du dir Sorgen gemacht?“

„Du bist verletzt und warst so still. Um Freunde macht man sich Sorgen.“

Paul schaute Henry an. „Mein Ohr tut weh. Es zwickt und pocht, ansonsten geht es mir gut.“

Alex räusperte sich. „Ich hänge jetzt das Schild raus, dass ich Mittagspause mache. Dann stört uns keiner. Ich schlage vor, Henry, du gehst etwas essen und in der Zeit kümmere ich mich um deine Ratte Paul."

Henry sah Paul an. „Nur wenn es dir recht ist. Ich komme gleich wieder. Bleibst du bei Alex?"

Paul schaute verschmitzt. „Ja, klar, und ich beiße ihn auch nicht – versprochen."

Alex ließ Henry zur Tür hinaus, dann drehte er sich Paul zu. „Also, du bist eine Ratte und wir verstehen uns. Warum und wieso, ist egal. Du bist verletzt und ich bin Arzt, naja, Menschenarzt. Jetzt werden wir uns erst um deine Wunde kümmern und dann weitersehen."

Alex nahm den Verband ab und besah sich das Ohr. „Oh weh, da wird eine Narbe zurückbleiben. Doch Narben sind Stärke. Denn sie zeigen, dass man Schmerzen und Leid überwunden hat. Dazu ist viel Stärke nötig. Ich desinfiziere es und dann bekommst du etwas Salbe darauf und einen Verband. Pass auf, dass er nicht gleich dreckig wird. Doch ich werde Henry einen zum Wechseln mitgeben." Paul beobachtete ihn. „So und nun schauen wir direkt, ob du auch sonst gesund bist. Er tastete

Paul ab und dieser fing an zu kichern, als er seinen Bauch berührte. „Hey, lass das, es kitzelt.“

Alex sah Paul an. „Also, deine Vorderbeine sind etwas zu kurz und dein Fell ist ungewöhnlich.“

„Besonders“, unterbrach Paul.

„Ok, besonders ungewöhnlich, sehr selten für eine Kanalratte. Naja ansonsten scheinst du gut genährt zu sein. Besser als Henry, der mir etwas dünn vorkommt.“ Gerade zog Alex Paul hoch, sodass er auf seinen Hinterbeinen stand. „Schau, wenn du reden kannst, könntest du auch aufrecht gehen und sicher wäre das besser für deine kurzen Vorderbeine. Schau, so.“ Er hielt Paul fest und zog ihn ein Stück, sodass Paul auf seinen hinteren Beinen mitlaufen musste. „Das würde dich noch außergewöhnlicher machen, wie Kater Garfield.“ Alex lachte los und Paul sah ihn irritiert an. „Ehrlich jetzt, ich bin doch keine Comic-Katze.“

„Nein, doch du bist eine besondere Ratte.“ Paul ließ sich auf seinen Po plumpsen und räusperte sich. „Sag, Alex, kann ich dich etwas fragen?“

„Ja klar, frag mich.“ Alex räumte nebenher etwas zusammen.

„Was meinst du damit, dass Henry zu dünn ist?“

Alex drehte sich um. „Paul, Henry leidet wie viele Obdachlose an Mangelernährung. Sie ernähren sich unregelmäßig. Oftmals vergessen sie das Essen. Dann wiederum können sie sich nicht alles kaufen und essen nur sparsam. Ihnen fehlen Vitamine. Der Dreck der Straße verhindert, dass sie Abwehrkräfte aufbauen. Irgendwann ist es dann so weit, dass ihre Körper abgemagert sind.“ Paul hörte angeregt zu.

„Da sind auch die Viren daran schuld, die auf der Straße rumfliegen, deshalb duscht Henry so oft es geht.“

„Ja, Henry kümmert sich sehr um seine Körperpflege, das ist auch gut so. Er bräuchte nur öfters etwas Warmes zu essen und mehr Vitamine – Obst oder so.“

Es klopfte an der Tür und Alex ließ Henry herein. „Dem kleinen Kerl geht es wieder besser.

Hier hast du einen Verband zum Wechseln und du weißt ja, zu niemandem ein Wort, dass ich eine Ratte behandelt habe.“ Lachend hob er Paul von der Liege und steckte ihn in den Muff an Henrys Hals.

„So, kleiner Paul, alles Gute und pass schön auf Henry auf.“

Alex sah Henry noch lange von der Tür des Busses nach. Er flüsterte laut vor sich hin: „So ein netter vernünftiger Kerl und trotz allem lebt er auf der Straße. Das ist traurig.“

Kompliziertes Dipelon

Als sie auf dem Rückweg am Park vorbeikamen, schrie Paul los, der aus seinen Muff an Henrys Hals schaute: „Schau, schau, dort drüben! Da ist Sophie!“

Henry sah sofort in die Richtung und ging auf sie zu. „Hallo Sophie, wie geht es dir heute?“

Paul versuchte, aus seinen Sack zu klettern. „Huhu, Sophie, ich bin auch da und schau mal, ich habe einen Verband und war beim Alex und …“

Henry griff nach Paul. „Halt‘s Maul, Paul, nur einen Augenblick.“

Sophie lachte herzhaft los. „Ihr seid mir ein fröhliches Duo. Da ist immer Freude und Spaß angesagt, wenn man den Paul trifft. Na, Paul, haben dich Holger und Regine neulich gut nach Hause gebracht?“

Paul zappelte und Henry setzte ihn bei Sophie ab. „Ja, es war voll cool in diesen fahrbaren Zelt und sie haben mir diesen Muffschlafsack gegeben, doch dann kamen die Müllmänner und Henry hat vergessen, dass Freitag ist und

Henry musste müssen und dann ... Ach, sag, kennst du Einstein und Zwerg?“ Überlegend rümpfte er die Nase. „Was ist eigentlich ein Dipelon? Das hat Einstein und ich möchte auch so ein Dipelon haben.“

Henry grinste. „Paul, du redest wirklich etwas wirr. Du bringst alles durcheinander, wie soll dich Sophie verstehen?“

„Aber … aber … was ist nun ein Dipelon?“

Sophie sah Paul an. „Also, es ist ein Diplom und Einstein hat eines. Deswegen wird er auch Einstein genannt. Einstein war ein großer Gelehrter. Es ist eine Urkunde, über eine Auszeichnung für außerordentliche Leistungen und Prüfungen. Also, ganz einfach – er ist sehr schlau.“

Paul riss die Augen auf. „Ich bin auch schlau, warum habe ich nicht so ein Dipelon? Henry, du musst wieder anrufen, ich brauche auch so etwas.“

Henry fragte: „Warum brauchst du ein Diplom?“

Paul verdrehte die Augen. „Na dann bin ich schlau und kann dir ein Haus bauen oder etwas

Gesundes zu essen kaufen.“ Er stoppte und dachte nach. „Ähm, sagt mal? Wenn doch Einstein so ein Ding hat und schlau ist, warum lebt er dann auf der Straße?“

Sophie sah zu Henry. „Tja, Henry, wie sollen wir ihm das erklären? Also, Paul, erst musst du dir dieses Diplom verdienen, dazu gehört, dass du eine Schule besuchst.“

Paul unterbrach Sophie. „Ich bin eine Ratte, ich kann nicht in die Schule – also, ich denke, dass sie mich nicht rein lassen. Also bekomme ich kein solches Ding. Menno, voll doof.“

Henry kicherte. „Naja, es ist schon sehr wichtig für uns Menschen, in der Schule viel zu lernen. Man muss es nicht bis zum Diplom schaffen, doch zumindest so, dass man davon leben kann. Doch wie du siehst, auch Einstein ist auf der Straße und obdachlos geworden. Manchmal passieren Dinge, die es uns schwer machen, unser gewohntes Leben weiter zu führen. Dann kommt alles durcheinander.“

Sophie schüttelte den Kopf. „Weißt du, Paul, jeder von uns hat eine Geschichte, die dafür verantwortlich ist, dass wir nun obdachlos sind.

Klar sind wir auch zu einem Teil selbst schuld, doch in diesem Moment, wo es passierte, waren wir zu schwach, um einen anderen Ausweg zu sehen. Erst auf der Straße gelandet, ist es nicht mehr so leicht, wieder zurückzugehen."

Henry seufzte. „Genau, man verliert sich irgendwie. Ich kann es nicht richtig beschreiben, und, Sophie, du als Frau hast es noch schwerer auf der Straße."

„Ja das stimmt. Für uns Frauen ist es nicht leicht. Das fängt schon damit an, wenn wir auf die Toilette müssen,", sagte Sophie.

Paul hörte angeregt zu, dann räusperte er sich. „Es ist voll kompliziert, ein Obdachloser zu sein. Also, man hat keine Wohnung, schläft auf der Straße, und … ach, Doc, Alex sagte mir, dass ein Obdachloser zu wenig isst. Naja, eben nicht das Richtige, das macht krank."

Henry deutete auf Pauls Bauch. „Na, du bist auch obdachlos und du hast ein dickes Bäuchlein. Doch nun gehen wir in unsere Gasse, etwas ruhen und ich muss nach deinem Ohr sehen." Henry stand auf und steckte Paul zurück in den Muff. „Sophie, pass auf dich auf, wir sehen uns bald wieder."

In der Gasse angekommen, kramte Henry seine Sachen aus dem Versteck und richtete sein Lager. Paul sah ihm schweigend dabei zu. Als er sich niedergelassen hatte, schaute er mit schief gelegtem Kopf zu Paul, der auf einen Zipfel seines Muffs hockte und seinen Schwanz knetete, die Ohren hingen an ihm herab. „Paul, was ist los mit dir? Langsam machst du mir Angst. Du bist so still."

Paul atmete tief aus. „Moment … Ich denke nach."

„Über was denkst du nach?"

„Menno, ich denke nach über etwas, worüber ich nachdenken muss."

„Paul, du bist immer noch verwirrt."

„Nein, ich denke nur."

„Kann ich dir helfen beim Nachdenken, du großer Denker?"

Henry lachte auf und Paul sah ihn an. „Sag mal? Wann kommt der Müllwagen wieder?"

„Ähm, Freitag, also in fünf Tagen, warum?"

„Boäh, das ist noch voll lange. Hast du das Teledingsda noch?“

Henry schüttelte den Kopf. „Ne, das war in dieser Tasche, die der Müllwagen mitgenommen hat.“

Paul seufzte auf. „Henry, ich muss jetzt dringend kurz weg. Ich bin bald wieder da.“

Paul stand auf, drehte sich um und ging zum Ausgang der Gasse. Doch er stoppte, rannte zurück und warf sich auf Henry. „Also … also … ich bin gleich wieder da ... Ähm, ich muss Bescheid sagen und das mache ich jetzt. Das habe ich auch nachgedacht und es ist ein gutes Gefühl, Bescheid zu sagen.“ Atemlos ließ er von Henry ab, der ihn mit feuchten Augen anschaute. „Danke dir Paul, ich hab dich auch lieb.“

„Lieb? Du meinst, du magst mich?“ Paul starrte mit großen Augen auf Henry.

„Ja, Paul, ich mag dich, du bist ein wertvoller Freund.“

„Oh … Freund … Ja, das gefällt mir. Doch nun muss ich los. Ich komme wieder!“

Paul huschte aus der Gasse und Henry schrie hinterher: „Pass auf dich auf und komm gesund zurück!“

Paul hörte die Worte und ein Gefühl der Wärme durchfuhr seinen Körper. „Wow …“, flüsterte er vor sich hin. „Wow, was für ein tolles Gefühl. Doch nun muss ich versuchen, irgendwie zu Einstein auf die Müllhalte zu kommen."

Paul lief an den Häusermauern entlang. Einmal getreten worden, passte er nun doppelt auf. Die Müllhalde lag außerhalb der Stadt, doch in welche Richtung? Plötzlich sah er vor sich eine große Treppe und auf dieser saß ein kleiner Mensch. Paul dachte wieder laut. „Mmh, ob ich einfach Hallo sage. Kann ja nicht viel passieren, entweder, er versteht mich nicht, sieht eine Ratte und rennt weg oder er versteht mich, merkt, dass ich eine Ratte bin und rennt weg, oder … egal ich wage es einfach, mehr als wegrennen kann er nicht."

Vorsichtig schlich Paul näher. „Hallo ich bin Paul, ähm, huhu. Kannst du mir sagen, wo die Müllhalde ist und Einstein?"

Der Kopf blieb gesenkt und es erklang nur: „Nö."

Paul grummelte: „Huhu, also, wie heißt du?"

„Kevin."

Paul ließ sich auf seinen Po plumpsen. „Ok Kevin, kannst du mir helfen? Ich suche Einstein, das ist ein Obdachloser und der wohnt an der Müllhalde."

Langsam sah Kevin auf. Seine Augen wurden immer größer. Entsetzt sprang er hoch. „Ratteeeeee!!!!" Er sah sich panisch um, blieb jedoch wie festgefroren stehen."

Paul schüttelte den Kopf. „Menno, ja, Ratte. Ich bin kein Löwe, also beruhige dich. Auf meinem Futterplan stehst du nicht."

Kevin blinzelte. „Ähm, du redest."

Genervt seufzte Paul: „Ich rede. Warum, wieso, weshalb du mich verstehst, weiß ich nicht. Es ist eben so. Kannst du mir nun helfen?"

Kevin zuckte mit den Schultern und setzte sich kopfschüttelnd wieder hin. „Okay, eine sprechende Ratte, verrückt, wirklich verrückt, und du suchst Einstein und die Müllhalde?"

„Ja, genau das tue ich."

Skeptisch beobachtete Paul Kevin, als dieser aufstand. „Na dann komm mit, ich bring dich zu Einstein. Ich weiß, wo er schläft. An der Müllhalde triffst du ihn nur tagsüber an."

Paul huschte hinter Kevin her, als dieser loslief. „Ähm, Kevin? Bist du auch obdachlos?"

Kevin schaute runter zu Paul. „Nein, ich wohne mit meinen Eltern in einem Haus."

Mit großen Augen starrte Paul Kevin an. „ Eltern. Das klingt schön. Warum bist du dann hier und nicht bei ihnen?"

Kevin lächelte. „Ich war schon auf dem Heimweg, von einem Freund. Deshalb müssen wir uns auch beeilen. Ich bring dich zu Einstein und dann muss ich dringend nach Hause flitzen, sonst machen sich meine Eltern Sorgen."

„Das kenn ich. Henry macht sich auch Sorgen um mich. Das hat er gesagt."

Kevin grinste. „Dann bist du für Henry wie ein Kind oder ein Freund?"

Paul überlegte. „Freund, ja, ich bin ein Freund. Schade, dass Henry nicht auch ein Kind sein kann. Dann würden sich seine Eltern auch Sorgen machen."

Kevin schmunzelte. „Dein Henry war auch ein Kind und hatte eine Familie. Jeder war einmal ein Kind."

Mit gerunzelter Stirn ging Paul weiter. Plötzlich stolperte er und fiel auf die Nase. „Au! Der

Alex sagt, ich soll aufrecht gehen. Doch ich weiß nicht, wie."

Kevin bückte sich zu ihm hinunter. „So, schau." Er zog Paul hoch, dass er nur noch mit den Hinterbeinen auf der Straße stand. „Und nun mach ein paar Schritte. Ich halte dich und danach versuchst du es alleine. Nimm deine Vorderpfoten und den Schwanz zum ausbalancieren."

Paul versuchte es und nach einigen Schritten wurde er sicherer. Kevin ließ ihn los und Paul ruderte mit den Armen. Es sah lustig aus und Kevin musste lachen. Paul stakste dahin. „Menno ist das schwer. Doch ich bin jetzt viel größer und das ist ein tolles Gefühl."

„Du bist schon eine lustige kleine Ratte. Nun geh weiter, gleich sind wir bei Einstein."

Sie kamen zu einem großen Gebäude mit einem Turm. Paul sah hinauf. „Wow, da wohnt Einstein? Ich dachte er hat kein Dach."

Kevin schnaubte. „Hat er auch nicht. Das ist eine Kirche und Einstein schläft dort hinten, neben dem Eingang zum Friedhof." Sie gingen darauf zu. Paul sah einen Schlafsack am Boden neben einer Steinbank und davor lag Zwerg. Paul ließ sich auf seine Vorderpfoten fallen und huschte zu ihnen. „Einstein, du musst aufwachen. Ich brauche was, ganz dringend."

Aus dem Schlafsack erschien der Kopf von Einstein. „Ach, der Paul. Was machst du am Abend hier? Wo ist Henry?"

Paul grummelte: „Henry ist in der Gasse. Schau, ich habe dich gesucht und Kevin hat mich zu dir gebracht. Sag mir, stimmt es, dass du auch ein Kind warst?"

Einstein lachte. „Klar, wir alle waren Kinder und ich hatte eine sehr schöne Kindheit."

Paul überlegte. „Ich hatte auch eine Familie und jetzt habe ich Henry. Das ist ein Freund. Fast wie eine Familie, denn er macht sich auch Sorgen um mich und ich um ihn."

Kevin stupste Paul und gluckste. „Du bist mehr ein Haustier … ein felliger Nervzwerg … ok … auch ein Freund."

Einstein lachte. „Gut auf den Punkt gebracht."

Paul kicherte. „Es ist ein tolles Gefühl zu lachen. Ich mag es. Auch das Gefühl, ein Freund zu sein. Es macht warm."

Einstein schaute Paul intensiv an. „Warum wolltest du zu mir?“

Tief holte Paul Luft und flüsterte: „Also, Henry muss gesund essen. Das hat Alex, der Doktor, gesagt und ich dachte, vielleicht hast du was gefunden, was helfen könnte, dass es Henry besser geht.“ Er sah Einstein mit einen flehenden Blick an. Dieser kratzte sich an seinem Kinn. „Tja, lass mich nachdenken. Ein Gaskocher wäre toll. Dann könnte er sich öfters etwas Warmes zu Essen machen. Doch ich habe so etwas noch nie gefunden, obwohl ich auch gerne einen hätte. Öfters etwas Warmes zu essen wäre schon toll.“

Paul grübelte vor sich hin und auch die anderen überlegten. Plötzlich reckte sich Paul auf. „Ich hab‘s. Logisch … dass ich daran nicht gleich gedacht habe. Holger!!!!“, schrie er. „Ruf Holger an. Er sagte, wenn ich was brauche, dann soll ich anrufen und er kommt dann aus diesem Telelflon.“

Kevin schaute beide an. „Ich muss nun nach Hause. Paul, bleib hier bei Einstein und ich hoffe, wir begegnen uns wieder." Er drehte sich um und winkte zum Abschied.

Paul sah ihm nach. „Ach, ein netter Kerl und er versteht mich … wow … er versteht mich und hatte gar keinen Ekel vor mir."

Einstein stupste ihn an. „Krieg dich wieder ein. Er hat sein Herz am rechten Fleck, der Kleine. Deswegen versteht er dich, weil er ein gutes Herz hat. So, und nun rufen wir Holger an."

Paul krabbelte näher heran als Einstein das Telefon herauszog. „He, du hast auch so ein Ding. Voll cool. Henrys hat der Müllwagen geschluckt. Ruf an, mach schon."

Einstein wählte und wartete. „Guten Abend, hier ist Holger von Unsichtbar …"

Paul schrie los: „Hooolllgeeer, du musst kommen! Ich brauche für Henry so ein Ding, damit er gesund bleibt."

Aus dem Telefon hörte er Holgers Stimme. „Gib Ruhe, Paul."

Einstein bekam sich vor lachen gar nicht ein. „Hey, Holger, ich liege an der Kirche, wo seid ihr?"

Ein genervtes Stöhnen kam aus dem Telefon. „Wir sind in der Nähe, wir kommen vorbei."

Einstein legte das Telefon weg und Paul sah entsetzt zu. „Hey, noch nicht auflegen, Holger muss doch so ein Ding mitbringen für Henry. Menno, jetzt weiß er es nicht." Paul ließ ein Ohr hängen, das verbundene Ohr stand nach oben ab.

„Warum hast du einen Verband am Ohr?", fragte Einstein. „Ach, ein böser Mensch hat mich getreten."

„Das kenne ich. Doch weißt du, was, es gibt auch ganz viele gute und das sind die wirklich Wichtigen im Leben."

„Haben dich auch schon böse Menschen getreten?", fragte Paul.

„Ja, und nicht nur getreten. Sie mögen uns Obdachlose nicht sehr gerne. Dabei kennen sie uns gar nicht. Wenn sie sich hin und wieder die Mühe machen würden, mit uns zu reden, dann würden sie merken, dass sogar in zerschlissener Kleidung ein gutes Herz stecken kann. Klar gibt es auch unter Obdachlosen welche, die nicht nett sind. Doch wir sind alle Menschen."

Paul schniefte. „Das ist irgendwie traurig und doch ist es schön, dass es so viele gute Menschen gibt, die euch helfen.“

Er blickte zur Straße. „Schau da kommt das Zeltauto. Weißt du, Holger hat panische Angst vor Ratten, hat Regine mir erzählt. Doch so langsam mag er mich, obwohl er es nicht zugibt. Doch ich spüre es, in mir drin. Naja, ich habe einen Namen und Regine sagt, gib den Dingen einen Namen, wovor du dich fürchtest und sie sind keine Gefahr mehr.“

Einstein lachte. „Es ist alles eine Sache der Ansicht.“

„Genau, das sagt sie auch immer“, kicherte Paul los und stellte sich auf. Es sah komisch aus, wie er auf seinen Hinterbeinen stand und versuchte, mit seinem Schwanz das Gleichgewicht zu halten.

Ein besonderes Geschenk

Holger erschien im Licht der Taschenlampe, stutzte und krümmte sich vor lachen. „Ehrlich, jetzt Paul? Mutierst du zu Kater Garfield?“

Regine fiel ins Lachen ein und Paul schaute die beiden mit großen Knopfaugen an. „Ihr begebt euch auf sehr dünnes Eis … grrrrr.“ Doch dann musste er selbst lachen. Holger wischte sich die Lachtränen aus den Augen. „Guten Abend, was können wir für euch tun? Paul, brauchst du wieder ein Taxi zu Henry? Du weißt, dass wir keine Personen befördern dürfen. Es gibt Regeln und Vorschriften, an die wir uns halten müssen. Wir sind für die Soforthilfe da, für diejenigen, die in der tiefsten Nacht noch auf der Straße verweilen.“

Regine tippte Holger auf die Schulter. „Ähm Holger, es heißt, wir dürfen keine Personen befördern, jedoch steht nirgends etwas davon, dass wir keine Ratten mitnehmen dürfen. Ich habe es extra nachgelesen.“

Jetzt gackerte Einstein los und alle fielen sie mit ein. Paul gluckste: „Es ist alles eine Sache der Ansicht … hihihi.“

Holger schüttelte den Kopf. „Das kann alles nicht wirklich passieren. Doch nun erzähl mal, was los ist.“

Paul sah hilflos Einstein an und dieser erklärte es. „Es ist so, dass der Arzt zu Paul gesagt hat, dass Henry nicht gut aussieht, weil er sich nicht gesund ernährt, und Paul möchte gerne einen Gaskocher für Henry, sodass dieser sich öfters etwas Warmes zu essen machen kann.“

Holger überlegte. „Ok, das wird kein Problem. Doch ich muss dazu etwas sagen. Nicht jeder Obdachlose bekommt von uns einen Gaskocher. Es ist sehr gefährlich, eine offene Flamme und Feuer kann keiner gebrauchen. Wir entscheiden sehr streng, wem wir so einen Kocher zur Verfügung stellen. Doch da Henry keinen Alkohol trinkt und auch nichts anderes zu sich nimmt, kann er einen bekommen. Er geht sehr gut mit seinen Sachen um.“

Paul hing an Holgers Lippen. „Ja, das ist wahr, was du sagst. Henry passt immer auf seine Sachen auf und er ist sauber, er duscht oft und ich möchte ihm eine Freude machen."

Regine schaute zu Paul. „Das ist ein schöner Gedanke – eine Freude machen. Dann auf zu Henry, ich glaube, wir haben sogar einen dieser Gaskocher dabei."

Holger sah Einstein an. „Ich denke mir, dass du dich auch über einen Gaskocher freuen würdest. Wir schauen die Tage, ob wir für dich einen organisieren können."

Einstein strahlte. „Das wäre schön."

Ein kurzes Gute Nacht zu Einstein, der nun ein Lächeln auf dem Gesicht hatte und sie fuhren los. Im Auto starrte Paul Holger an.

„Schau woanders hin", kam es von Holger, doch Paul starrte weiter. „Meine Güte, hör auf zu starren", schimpfte Holger. Paul seufzte tief und blinzelte ihn mit seinen blauen Augen an. „Ach Holger, ich mag dich."

„Pff …", kam es von der Fahrerseite, dann stoppte plötzlich das Auto und Paul wurde von einer großen Hand hochgezogen, sodass er, Nase an Nase mit Holger war. „Lass das, ich falle auf deinen Hundeblick nicht rein, du bist und bleibst eine Ratte."

Ein leises Flüstern antwortete: „Paul." Ganz kurz wurde er an eine Brust gedrückt und wieder in Regines Arm gesetzt. Paul hatte gar nicht mitbekommen, dass sie schon vor Henrys Gasse standen, als Regine die Tür öffnete. Er sah Holger an. „Darf ich Henry das Kochding geben?"

„Ok, ich stell es dir neben die Gasse und du holst es dann rein." Holger ging pfeifend zum Kofferraum, holte den Koffer mit dem Gaskocher hervor und stellte ihn an die Wand neben der Gasse. Sogleich rannte Paul darauf zu und blieb davor stehen. Das Ding war größer als er. Regine begrüßte derweil Henry und unterhielt sich mit ihm, als Holger verschmitzt grinsend mit einer Suppe hinzutrat. „Na, Henry, wo ist denn der Paul?"

„Paul … ach, der musste kurz weg, jedoch hat er mir Bescheid gegeben. Er wird schon wieder auftauchen."

Plötzlich hörten sie einen lauten Knall und ein Quietschen, als würde etwas über den Boden gezogen. Alle starrten zum Eingang der Gasse und sahen einen Koffer mit Paul, der sich abmühte, ihn zu Henry zu ziehen.

„Uff, ich schaff das … Uff, oh Menno …“ Er brach über dem Koffer zusammen und schielte zu Holger. „Neeee, du wolltest es selber machen“, zischte dieser. Paul krabbelte obendrauf, stellte sich auf und sah Henry an. „Ich habe hier ein Gasding, das ich dir schenken möchte, damit du gut essen kannst … mein lieber Freund“, setzte er noch flüsternd hinzu und legte seine Pfote auf sein Herz. Es sah so bewegend aus, dass einige Tränen aus den Augen der Anwesenden kullerten. Henry stand auf und fiel vor Paul auf die Knie. Vorsichtig nahm er Pauls Pfote und legte sie gegen seine Hand. „Danke … mein Freund.“

Holger ging los und holte ein paar Gasbehälter und Dosen mit Essen zum Warmmachen. Dann erklärte er nochmal, dass dazu großes Vertrauen gehörte, dass er nun einen Gaskocher bekommen hatte. Henry bedankte sich mehrmals und versprach, damit gut umzugehen. Doch das wussten die beiden von Unsichtbar schon, denn sonst hätten sie die Entscheidung nicht getroffen. Vertrauen und Freundschaft ist etwas, was sich erst nach einer langen Zeit aufbaut. In dieser Nacht schlief Paul in Henrys Arm, sein Muff lag daneben.

Von Geistern und Plätzen

Am Morgen erwachten Henry und Paul nach einer ruhigen Nacht. Sie saßen beisammen und teilten sich die restlichen Kekse, die Henry noch hatte. Paul knabberte etwas lustlos daran herum. „Paul, was ist los? Schmeckt dir der Keks nicht?"

„Nein, er ist sehr lecker, doch ich denke nach."

„Was denkst du denn?"

„Sag mal, hast du irgendwelche Träume oder Wünsche, über deren Erfüllung du dich freuen würdest?"

Henry sah Paul lange schweigend an. „Naja, was soll man sich schon wünschen, hier auf der Straße? Was würde es nützen, wenn ich mir z.B. einen Wasserkocher wünschen würde, und ich habe hier gar keinen Strom. Auch ein richtiges Bett oder eine weiche Matratze wären sinnlos. Doch irgendwann würde ich gerne einen neuen Platz finden. Weg von diesen Mülltonnen."

Paul seufzte. „Warum suchst du dir nicht einfach einen anderen Platz? Warum bist du gerade hier?"

Henry sah hinter den Mülltonnen die Wand an. „Schau mal dort hoch. Diese Wand ist etwas Besonderes.

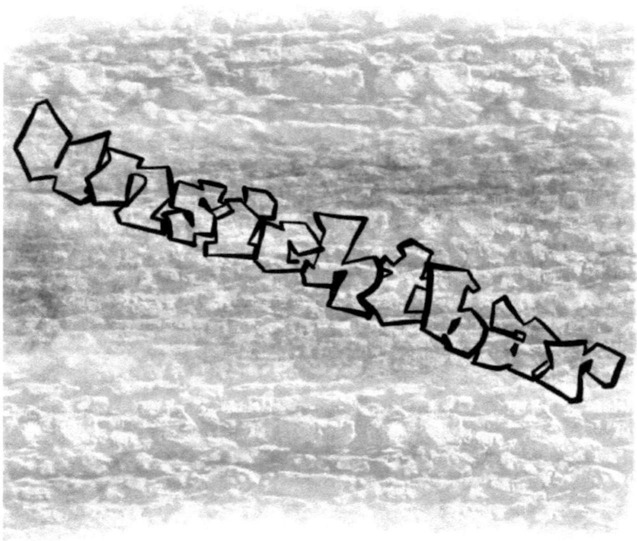

Sie ist nicht nur bunt, nein hier steht etwas und dies hat mich angesprochen, hier zu verweilen. Es ist auch ein geschützter Platz, durch das kleine Vordach über den Tonnen.“

Paul starrte die Wand an. „Was steht da?“

„Schau mal genau hin, dort steht Unsichtbar und das bin ich auch irgendwie. Für viele Menschen bin ich nicht zu sehen. Sie möchten mich nicht sehen, gehen an mir vorbei, als wäre ich ein Geist.“

Paul schniefte. „Das ist nicht nett. Du bist so ein herzlicher Mensch. Auch wenn du nicht so viel hast wie andere Menschen, bist du doch immer freundlich. Regine hat mir erzählt, dass es viele Menschen gibt, die euch sehen und helfen.“

„Ja, es ist gut, dass es Menschen mit Herz gibt, die uns das Leben auf der Straße etwas erleichtern. Doch weißt du, es ist ein schreckliches Gefühl, wenn du da sitzt und Menschen an dir vorbeilaufen und mit Absicht in die andere Richtung schauen. Sie ignorieren uns. Ich würde mich über ein Lächeln schon freuen oder über einen Gruß, ein einfaches Guten Morgen. Das gäbe mir das Gefühl, existent zu sein. Sie können mir nicht helfen, ein neues Leben zu beginnen. Jedoch können sie mir zeigen, dass sie mich sehen. Das würde mir schon reichen.“

„Warum machen die Menschen das und ignorieren Obdachlose einfach?“

Henry schaute die bunte Graffitiwand an.

(Eine kleine Bitte zwischendrin, an dich.
Sei so nett – ja du!
Male Henrys Graffiti „Unsichtbar“ bunt aus, damit das Unsichtbare sichtbar wird.)

„Es ist so ähnlich wie beim Strauß. Kennst du den? Es ist ein großer Vogel, der nicht fliegen kann. Wenn ein Strauß eine Gefahr wittert, steckt er den Kopf in den Sand. So sieht er nichts und muss sich nicht damit beschäftigen. So machen es die Menschen auch. Was man nicht sieht, ist nicht da und man braucht nicht zu reagieren. Dabei bräuchten sie gar nicht viel zu tun. Nur hinsehen und nicht wegsehen. Wie sie reagieren, ist noch eine andere Sache. Keiner erwartet, dass er uns mit nach Hause nimmt oder Wunder vollbringt. Doch einfach ein Lächeln, ein Wort oder ein Anruf, wenn einer Hilfe braucht, würde schon reichen."

„Das ist wirklich traurig, dass es Menschen gibt, die dir das Gefühl geben, ein Geist zu sein."

Henry schnaubte. „Weißt du, eigentlich geht es noch schlimmer. Es gibt welche, die sehen uns, doch sie verurteilen, beschimpfen und treten uns, ohne dass sie sich die Mühe machen, uns kennen zu lernen. Einfach so zum Spaß oder weil unser Anblick nicht in ihr Bild von der schönen Welt passt."

„Boah, das ist krass. Jetzt verstehe ich auch, warum du hier zwischen den Tonnen liegst. Sie schützen dich."

„Genau, Paul. Ein Schlafplatz muss geschützt sein. Es gibt welche von uns, die ziehen öffentliche Plätze vor, weil sie sich dort sicherer fühlen, wenn immer wieder Menschen an ihnen vorbeigehen. Jedoch sind sie immer wieder Übergriffen ausgesetzt. Dann gibt es solche wie Sophie. Sie hat ihr geheimes Plätzchen im Wald. Dort fühlt sie sich sicher, in der Dunkelheit und versteckt. Auch ich fühle mich hier sicher, denn in dieser Gasse zwischen den Tonnen sehen sie mich nicht. Wer achtet schon in der Umgebung von Mülltonnen auf das, was am Boden liegt. Wichtig bei einem Schlafplatz ist, dass er uns ein Gefühl der Sicherheit und des Schutzes gib. Dass er gut erreichbar ist und, wenn man Glück hat, auch noch sauber ist."

Paul stierte vor sich hin und zerkrümelte seinen Keks. „Mmh, und du hast noch keinen anderen Platz gefunden, wo du dich wohlfühlst?"

„Nein, noch nicht. Ich habe dir schon einmal erzählt, dass ich mich von Wänden eingeengt fühle. Jeder von uns hat seine Probleme, meine sind Wände, denn ich lebe schon lange auf der Straße. Ich brauche das Gefühl, nicht eingesperrt zu sein, sonst kann ich nicht atmen."

Paul schaute nachdenklich. „Ok, verstanden und was machen wir jetzt?"

Henry sah nach oben. „Es fängt bald an zu regnen, ich glaube, ich werde mich noch etwas hinlegen. Ich fühle mich schlapp."

Paul sah ihn sorgenvoll an. „Das geht nicht. Du musst was essen und vor allem etwas trinken." Er sah Henry an. „Komm, wir gehen in die Stadt. Vielleicht sieht dich heute jemand."

Henry gab nach. „Ok, du hast ja recht. Mal sehen, wen wir treffen. Hier rumliegen bringt auch nichts. Es ist schön, dass du da bist und mich etwas anspornst."

Henry packte seine Sachen zusammen und versteckte sie, dann holte er einen großen Schlapphut aus einer anderen Ecke und setzte ihn auf. „So, hüpf in meine Tasche und dann können wir los."

Paul grinste ihn an und krabbelte flink hinein. „Ja, lass uns Abenteuer erleben. Wir beide zusammen rocken das."

Henry grinste. „Du bist mir so einer, doch, ja, du hast Recht. Wir beide zusammen rocken das."

Gesehen werden

Es fing an zu nieseln und Henry machte sich mit Paul, auf den Weg in die Innenstadt. Unterwegs trafen sie Jockel, der gerade aus einer Seitengasse kam. „Guten Morgen, Henry, ist die komische Ratte auch dabei?“

Lachend klopfte Henry auf seine Tasche, aus der Paul zischte. „Ich bin keine komische Ratte, ich bin eine besondere Ratte.“

Jockel kicherte. „Weißt du, Henry, ich beneide dich um den kleinen Kerl. Er ist zwar etwas nervig, doch du bist nicht mehr alleine. Einstein hat seinen Hund Zwerg und ich … naja, egal. Wohin willst du heute?“

Henry hielt die Hand auf. „Nicht weit, bei dem Wetter. Doch ich denke, ich versuche mein Glück am Laden an der Ecke. Dort ist es nicht ganz so nass.“

„Na dann, viel Glück und, Paul, komm mal wieder vorbei.“ Aus der Tasche erklang ein leises „mach ich gerne“.

Henry flüsterte. „Na, du hast schon viele Freunde gefunden? Du wirst noch berühmt werden, wenn du so weitermachst.“

Er ging weiter, dann blieb er plötzlich stehen und sagte herzhaft lachend. „Paul, die außergewöhnliche Ratte, Peter Pan der Obdachlosen, beschenkt sie aufopfernd mit Freude und Lachen.“

Paul steckte den Kopf aus der Tasche. „Cool, bekomme ich auch Pfeil und Bogen, dann kann ich wie Tinkerbell die Menschen dazu bringen, dass sie dich sehen. Doch eines mache ich nicht … ich ziehe keine Strumpfhosen an, das geht dann doch zu weit.“

„Vielleicht wären ein paar Stiefel und ein Schwert wie der gestiefelte Kater doch besser. Jetzt, wo du aufrecht gehen kannst.“

Sie hatten mittlerweile den Platz erreicht und Paul suchte sich einen Karton zum Sitzen. Er lächelte immer noch, als ein kleines Mädchen vor ihm stehen blieb und fragte. „Warum lächelst du?“

Überrascht sah Henry das kleine Kind an. „Ähm, weil ich glücklich bin. Ja, ich freue mich, weil du mich siehst.“

Die Mutter fasste nach dem Arm des Kindes und zog es weg. Henry hörte noch, wie sie sagte. „Du sollst doch nicht mit Obdachlosen reden.“

Paul krabbelte aus der Tasche und auf Henrys Schoß. „Paul, geh zurück, wenn dich einer sieht, gibt’s Ärger.“

Paul stellte sich auf die Hinterbeine und rief. „En Garde!“ und streckte die Vorderpfote mit einem imaginären Schwert aus. „Ha, ich bin der Rächer der Obdachlosen, Peter Pan der Gerechten!!!“

Henry liefen die Tränen vom Lachen herunter. Paul fiel gegen ihn und kugelte sich vor Kichern. Schnell schnappte Henry ihn wieder und steckte ihn zurück in die Tasche. „Du bist verrückt, Kleiner. Doch es ist schön, Spaß zu haben.“ Nachdenklich beobachtete er die Menschen, die an ihm vorübergingen. Viele schauten mürrisch, waren in Eile, schimpften über den Regen und sahen genervt aus. Ab und an merkte er einen Blick in seine Richtung, doch sah er dorthin, wichen sie ihm aus. Eine junge Frau, warf einen Euro in seinen Becher, der vor ihm stand, doch als er „Danke“ sagte, beschleunigte sie schnell ihren Schritt. Paul lugte aus der Tasche. Henry drückte ihn zurück.

„Was ist los? Du hast gerade noch gesagt, dass du fröhlich bist, und nun … grrr.“

Henry atmete tief durch. „Ja, ich war einen Augenblick fröhlich und es ist ein tolles Gefühl gewesen. Weißt du, viele Menschen denken, dass Obdachlose nichts zu lachen hätten und immer traurig und vor sich hinstarren. Dabei lachen wir, genau wie jeder andere Mensch, auch sehr gerne. Wir freuen uns und wir empfinden Glück. Wir erfreuen uns an kleinen Dingen, denn große gibt es für uns nicht.“

Paul knurrte. „Na logisch, warum sollst du nicht auch lachen dürfen. Ist doch normal, dass man lacht.“

„Nee, Paul. Ein obdachloser Mensch, der lacht, scheint für viele Menschen nicht ins Bild zu passen.“

Paul schwieg. Es dauerte nicht lange und sie waren wieder in der Gasse. Henry machte sein Lager fertig und zog den Gaskocher heraus. „So, nun werden wir uns die Dose Nudeln warm machen. So ein Ding ist wertvoll.“

Interessiert beobachtete Paul das Vorgehen. „Wow, das riecht gut. Bekomme ich auch etwas ab?“

„Klar, du darfst die Dose nachher ausschlabbern. Freunde teilen.“

Zusammen saßen sie schweigend nebeneinander und Henry rührte immer wieder die Nudeln um. Als sie heiß genug waren, nahm er die Dose herunter und schnappte sich einen Löffel voll. „Mmh das ist mal eine leckere Abwechslung.“

Paul lief schon das Wasser im Mund zusammen und er schmatzte mit. „Gib mir auch etwas.“ Henry ließ eine Nudel auf den Deckel fallen. „Pass auf, ist sehr heiß, damit du dir nicht die Schnute verbrennst.“

Paul stierte auf die Nudel und pustete darauf, dann knabberte er daran. „Wow, ist das lecker.

Da müssen wir gleich Holger anrufen, dass er uns noch welche bringt."

Henry sah Paul an. „Schau, Paul, es gibt viele, die Hilfe gebrauchen können. Es gibt einige, denen es noch schlechter geht als mir. Ich bin froh, wenn sie mich hin und wieder besuchen. Aber ich kann nicht immer etwas nehmen, sie müssen auch für die anderen etwas übrig haben."

Paul grummelte: „Das ganze Zeltauto ist doch voll und sie haben gesagt, wenn wir was brauchen, bekommen wir es auch."

„Ja, doch es gibt so viele, denen sie helfen wollen, und auch sie müssen die Sachen besorgen, um diese an uns weitergeben zu können. Dazu sind eine Menge Herzmenschen nötig."

„Woher kommen diese Herzensmenschen?"

Henry schaute Paul ernst an. „Von überall. Es sind Menschen, die helfen möchten, die ein gutes Herz haben – für uns."

Gemeinsam legten sie sich schlafen. Leise hörten sie die Regentropfen auf dem Asphalt und es hatte etwas Beruhigendes an sich. Einen festen Schlaf hatte Henry nicht. Denn bei jedem komischen Geräusch war er wach. Die Angst, überfallen oder bestohlen zu werden, war immer in ihm. Vielleicht sollte er sich doch langsam einen anderen Platz suchen? Doch wohin? Gedanken, die seinen unruhigen Schlaf ständig begleiteten.

Voll krass, ey

Henry wachte von einem sehr komischen Geräusch auf, das er noch nicht kannte. Sofort war er in Alarmbereitschaft. Er hatte in seinen Jahren auf der Straße schon viel erlebt und deswegen wusste er sofort, dass dies etwas ihm Unbekanntes war. Er horchte in die Nacht. Hörte den Regen, der stärker geworden war, und sah sich um. Viel konnte er nicht sehen, denn die Lichter der Stadt wurden vom Regen gedämmt und in der Gasse selbst war es dunkel. Er griff nach Paul, doch der war nicht da. „Paul, Paul, wo bist du?“, rief er, dann lauschte er wieder. Vom Eingang der Gasse sah er eine schaumartige Masse hereinfließen. Es sah aus wie etwas Chemisches. Er roch daran. „Komisch, den Geruch kenne ich. Was ist es bloß?“ Langsam kam dieser weiße Schaum immer näher an seinen Schlafplatz heran. Es schüttete jetzt wie aus Eimern. Nochmal rief er etwas lauter. „Paul, wo steckst du?“

Aus dem Dunkeln hörte er ihn leise. „Hier.“

„Paul, komm lieber her. Was rennst du draußen im Regen rum?“ Ein Geräusch ließ Henry die Augen weit aufreißen und was er sah, glaubte er im ersten Moment nicht.

Aus dem Schaum erhob sich eine kleine Gestalt. „Paul!!!!“, schrie er. „Was machst du da?“

„Hi, hi, ich dusche!!!!“, kam es zurück.

Vor Henry erschien Paul in einer riesigen Schaumwolke. Er hatte Henrys Zahnbürste in der einen Pfote und in der anderen ein Stück Seife.

„Was machst du?“ Henry konnte es nicht fassen und starrte die Ratte vor ihm an. Paul grinste von einem Ohr zum anderen. „Tschakalakka, Henry, duschen. Es regnet gerade richtig und schau mal – cooles weißes Zeug.“

Fröhlich schrubbte sich Paul mit der Zahnbürste das Fell ab, sodass noch mehr Schaum entstand. Henry war einfach sprachlos. „Mitten in der Nacht duschst du?! Woher hast du die Seife? Ist das etwa meine Zahnbürste?“ Paul sah auf die Bürste und schaute Henry zerknirscht an. „Ups, … also … Ja, es ist deine. Ich muss zu meiner Verteidigung sagen, ich habe keine eigene.“

Henry schnappte sich sein T-Shirt, das neben ihm lag und griff nach Paul. Dann wickelte er ihn darin ein und hielt ihn sich vor die Nase. „Du … bist … eine … Chaos … Ratte!“ Er sprach jedes Wort einzeln aus. Er musste sich sehr beherrschen, um nicht laut loszulachen. „Woher hast du die Seife?“

„Ähm, die lag da rum.“

„Wo lag die da rum?“

„Ähm … in deiner Dusche.“

Henry kniff die Augen zusammen. „Du hast sie gestohlen?“

„Ähm, nein.“ Paul räusperte sich. „Nur geborgt, ich bring sie wieder hin.“

Henry schüttelte den Kopf. „Ach, du bringst sie wieder hin. Wie? In Schaumform?“

Paul schaute schuldbewusst, dann reckte er die Nase. „Menno, woher soll ich wissen, dass sie sich verwandelt. Ich bin immerhin nur eine Ratte.“

„Ach, auf einmal bist du nur eine Ratte. Eine nasse Ratte. Eine Ratte, die nach Blumen duftet.“ Herzhaft lachte Henry los. Er setzte Paul ab und sah sich seine Gasse an. Schaumberge schwammen in den Pfützen am Boden. Es sah ein kleines bisschen wie in einem Wunderland aus und es duftete gut. Schon lange hatte er nur den Geruch der Mülltonnen in der Nase gehabt, doch nun gab es etwas Blumiges, das ihn nachdenklich stimmte. Er legte sich wieder hin. „Paul, schlaf jetzt und wenn du wieder duschen gehst, dann nicht in unserer Gasse."

Paul sah Henry an. „Ich habe nicht in der Gasse geduscht, sondern vorne auf dem Gehweg. Warum der ganze Schaum zu dir wollte, weiß ich nicht."

Plötzlich hörten sie donnerndes Schimpfen. „Das waren bestimmt wieder so ein paar Verrückte! Wie haben sie das geschafft, die ganze Straße unter Schaum zu setzen?" Die Stimmen kamen näher und ein Räuspern erklang. „Hallo Henry, bist du wach? Hier ist die Polizei. Ich sehe schon, dass du überwiegend verschont bist. Bleib hier drin und bis morgen früh werden wir den Schaden behoben haben."

Henry sah auf die zwei Polizisten, die am Eingang der Gasse standen. „Was ist denn passiert?", fragte Henry.

„Da haben sich welche einen Scherz erlaubt und tonnenweise Schaumbad vergossen. Wir rufen nun die Feuerwehr, die kann es aufsaugen." Sie drehten sich um und gingen wieder.

Henry sah einen zerknirschten Paul an. „Wenn die wüssten, dass das eine kleine Ratte gewesen ist, würden sie den Kammerjäger rufen anstelle der Feuerwehr.“ Kopfschüttelnd legte sich Henry hin und kicherte leise. „Menno, Paul, das ist eine Geschichte, die ich meinen Enkelkindern erzählen könnte. Ach, und über meine Zahnbürste reden wir morgen.“

Paul kuschelte sich vorsichtig an Henry und schloss die Augen.

Familie ist wichtig

Als es hell wurde, ließ auch der Regen nach und nur vereinzelt konnte man noch ein paar Schaumblasen sehen. „Hallo Henry, bist du wach?“, hörte er eine Stimme vom Eingang der Gasse.

Henry grummelte und setzte sich auf. „Wer will das wissen?“

Ein Lachen antwortete ihm. „Guten Morgen, ich bin‘s, der Alfred. Bin wieder in der Stadt und dachte, ich schau direkt bei dir vorbei. Wir haben uns schon lange nicht gesehen. Sag, was ist hier geschehen? Überall liegt Schaum rum.“

Henry kicherte. „Das ist eine Geschichte für sich, doch komm her. Schön, dass du mich besuchst.“

Paul bewegte sich unter seinem Schlafsack als Henry herausschlüpfte. Alfred kam näher, zwei Kaffeebecher in der Hand. „Schau, was ich uns mitgebracht habe.“ Er ließ sich neben Henry auf den Schlafsack fallen und gerade rechtzeitig zog dieser ihn noch weg, sodass Alfred auf der nackten Isomatte landete. „Hey, gönnst du mir nicht einmal eine weiche Unterlage?“, grummelte Alfred, als aus dem Schlafsack ein Schrei erklang. „Menno, Henry, aua … erdrück mich nicht.“

„Wer war das?“ Alfred sah erstaunt den Schlafsack an. Henry räusperte sich. „Ähm … Paul.“

Alfred lachte. „Dann stimmt es doch. Ich wollte es nicht glauben, was man mir erzählt hat. Ist Paul wirklich eine Ratte?“

Der Schlafsack bewegte sich. Paul kroch hervor und stellte sich auf die Hinterbeine. „Ja, ich bin eine Ratte, eine sprechende Ratte, ein Rächer der Obdachlosen, der Peter Pan der Schwachen und Armen.“

Jetzt erklang schallendes Gelächter und Henry konnte kaum ein Wort hervorbringen. „Paul, du verrückter Kerl.“

Alfred starrte auf Paul. „Wirklich krass. Das hätte mir zu meiner Zeit als Obdachloser passieren sollen. Ich glaube die hätten mich direkt in eine Klinik eingewiesen. Eine sprechende Ratte und noch so eine süße.“

Paul knurrte. „Ich bin nicht süß.“

„Naja, eine nach Blumen duftende Ratte ist außergewöhnlich“, korrigierte Alfred.

Paul streckte stolz die Brust raus. „Genau, du sagst es, außergewöhnlich. Sag, bist du ein obdachloser Mensch?“

Alfred schaute Paul an. „Nein, nicht mehr. Doch ich war einer, vor einiger Zeit.“

Paul riss die Augen auf. „Oh, das ist neu. Warum bist du jetzt kein Obdachloser mehr?“

Alfred sah Henry an. „Das ist eine lange Geschichte und ich muss meiner Familie dafür sehr danken.“

„Familie? Ich hatte auch eine Familie, doch sie sind alle weg. Haben Obdachlose Familien und sind diese auch weg? Bestimmt, sonst würde ja ein Obdachloser kein Obdachloser sein, denn er wäre bei seiner Familie“, überlegte Paul.

Henry schaute Alfred nickend an. „Tja Alfred, jetzt bist du gefragt. Erzähl uns, wie deine Familie dir geholfen hat.“

Alfred nippte an seinem Kaffee und Paul sah ihn gespannt an. „Familie. Ein Wort für Eltern, Großeltern, Geschwistern, Tanten und Onkeln, später für die eigenen Kinder. Wie wichtig Familie ist, habe ich früher nie verstanden. Das war mein großer Fehler, weswegen ich auf der Straße gelandet bin. Ich war genervt von meinen Eltern, die mir ständig etwas erzählen wollten. Lerne anständig, geh in die Schule, das sind die falschen Freunde, räum dein Zimmer auf … Heute denke ich anders darüber. Sie wollten mir damit nichts Böses, nein im Gegenteil. Sie wollten mir etwas beibringen, das für mein Leben wichtig war. Doch ich wollte es nicht hören. Ich schaffte zwar die Schule, ging in Lehre und Arbeiten und mietete mir eine Wohnung, doch hier fing es an. Aufräumen, putzen, mit meinem Geld haushalten, dass konnte ich nicht. Meine Eltern waren an einem Punkt angelangt, wo sie mich machen ließen. Sie nannten mich einen hoffnungslosen Fall. Ich lernte das erste Mädchen kennen und heiratete. Wir bekamen einen Sohn, doch meine Frau kam nicht damit klar, dass ich so chaotisch war. Zu dieser Zeit bereute ich das erste Mal, dass ich nie auf meine Eltern gehört hatte. Sie hatten mich aufgegeben und gesagt, ich soll sehen, wie ich klarkomme.“ Alfred machte eine Pause. „Mein Chef kündigte mir, als es der Firma nicht so gut ging. Ich saß zuhause, ließ mich gehen und jammerte nur rum. Anstatt mir etwas Neues zu suchen, blieb ich einfach sitzen. Das war meiner Frau irgendwann zu viel und sie verließ mich, mit unserem Sohn. Ich landete auf der Straße.“

Paul starrte Alfred an. „Warum bist du nicht wieder zu deinen Eltern gegangen?“

„Mein Stolz hinderte mich daran. Ich wollte ihnen nicht zeigen, dass sie recht hatten. 15 Jahre lebte ich auf der Straße. Ich verlor den Kontakt zu meinem Sohn, fing an, Alkohol zu trinken.“

Paul sah zu Henry. „Haben alle Obdachlose so einen Stolz?“

Henry sah lächelnd zu Paul. „Nein, jeder hat seine eigene Geschichte. Es ist alles dabei. Die Gründe sind so verschieden. Jedoch eines haben sie alle gemeinsam, sie hatten oder haben eine Familie und diese Familie möchte aus verschiedenen Gründen oftmals nichts mehr mit ihnen zu tun haben. Nicht, weil sie sie nicht mögen, sondern weil sie nicht mit der Situation klarkommen, dass ein Mitglied der Familie obdachlos geworden ist."

Alfred nickte. „Weißt du, vor ein paar Monaten stand auf einmal ein Junge vor mir. Ich sah an diesem Tag sehr verwahrlost aus und er trat zu mir und sagte: „Lass uns nach Hause gehen, Vater."

Ich starrte ihn an und nahm seine Hand. Tränen liefen mir übers Gesicht. Glaubt mir, diese Stärke, die mein Junge mir entgegenbrachte, war so viel mehr, als ich besaß. Er hatte durch seine Mutter gelernt, dass es wichtig ist, keine Vorurteile zu haben, verzeihen zu können und vor allem mich nicht aufzugeben. Nun wohne ich bei ihm und klar, brauche ich noch Zeit. Jedoch ich habe ab nächster Woche eine Arbeit und ich werde es schaffen."

„Du wirst es schaffen, ich glaube fest daran", sagte Henry. „Familie ist etwas so Wichtiges, das ich leider nicht mehr habe."

Alfred sah in den Himmel. „Ich habe es erst jetzt erkannt, dass meine Eltern es immer nur gut mit mir meinten. Sie wollten mich aufs Leben vorbereiten. Aber es ist nie zu spät, sich aufzurappeln."

Paul stellte sich auf und hob die Pfote. „Ja, und Stolz zu haben, ist nicht verkehrt. Doch die wahre Stärke ist, sich einzugestehen, das man Hilfe braucht und diese auch annimmt."

Henry lachte. „Paul, der Philosoph."

Noch lange saßen sie beisammen und erzählten sich gegenseitig Geschichten. Paul fand das alles total aufregend und er konnte nicht genug von den Geschichten hören. Obwohl es ihn auch etwas traurig stimmte, denn er hatte keine Familie mehr. Zumindest wusste er nicht, wo sie waren, und Henry … er war wirklich alleine auf der Welt. Naja, nun war Paul da. Sie waren eine Familie, die sich gefunden hatte.

Der Schein trügt

Paul lag in seinem Muff. Nur die Nase schaute heraus, als er murmelte: „Henry, wann treffen wir Sophie wieder?"

Henry sah auf Paul herab. „Das weiß ich nicht. Komm aus deinem Muff heraus. Es ist unhöflich, mit einen zu sprechen, wenn man ihn nicht sieht."

Paul krabbelte heraus. „Oh, ist dann Holger unhöflich? Er spricht aus diesem Telelflon und kommt auch nicht da raus."

Henry kicherte. „Das ist was anderes. Doch warum möchtest du wissen, wann wir Sophie wiedertreffen?"

Paul schniefte. „Naja, sie ist nett und sie liegt da ganz alleine im Wald. Das finde ich traurig und ich würde sie gerne besuchen."

Henry seufzte. „Ich weiß auch nicht, wo sie genau schläft. Sie hält es sehr geheim. Doch wir können in der Stadt schauen oder im Park, ob wir sie sehen."

Paul sprang auf. „Dann los, lass uns in die Stadt gehen.“ „Moment, erst müssen wir die Sachen verstecken.

Nicht, dass sie uns wieder gestohlen werden.“ Paul grummelte. „Ich hoffe, dass heute nicht Freitag ist.“

Henry lachte auf. „Nein, Freitag ist noch nicht. Also kein Müllwagen in Sicht.“

Gemeinsam gingen sie los. Paul steckte wie immer in Henrys Jackentasche. Den Weg, den Henry heute einschlug, war ein ganz anderer als sonst und Paul lugte aus der Tasche. Er sah sich fasziniert um. „Ui, wo sind wir hier?“

Henry blieb stehen. „Das ist der Marktplatz und heute ist Markttag. Deswegen sind so viele Stände hier. Alle verkaufen sie etwas.“

„Kaufen wir auch etwas?“

Henry schüttelte den Kopf. „Nein, dafür habe ich leider kein Geld. Doch hier haben wir vielleicht die Chance, dass sie mich sehen und etwas in meine Dose schmeißen oder mir zu essen geben.“

Paul grummelte: „Da bin ich gespannt.“

Henry suchte sich eine Ecke am Rande des Marktes und ließ sich an einer Hauswand nieder. Sogleich krabbelte Paul heraus. „Ich schau mich mal um. Bin gleich wieder da.“

„Pass auf, dass dich keiner sieht.“

„Nö, ich bin vorsichtig.“

Paul huschte los und schaute sich die Marktstände an. An vielen gab es etwas zu essen und Paul schnupperte begierig. Die meisten Menschen hetzten an ihm vorbei. Keiner warf einen Blick nach unten. Er beobachtete die Leute, dann grinste er und huschte zurück zu Henry.

„Henry!“, rief er schon von weitem. „Ich hab‘s.“

Henry sah ihm lachend entgegen. „Was hast du?“

„Du musst dich nach oben setzen. Die Menschen schauen nicht zum Boden, so sehen sie dich nicht. Alle blicken nur geradeaus oder hoch.“

Henry sah Paul verstört an. „Ich kann mich doch nicht auf einen Marktstand setzen. Wie stellst du dir das vor?“

„Ähm, vielleicht eine Bank?“, überlegte Paul.

„Da denken sie, ich ruhe mich nur aus. Dann hält mich keiner für einen Obdachlosen.“

Paul stutzte. „Das ist doch toll, wenn sie dich nicht für einen Obdachlosen halten. Dann beschimpfen sie dich nicht und sie geben dir etwas zu essen.“

„Paul, das hört sich alles schön und einfach an, doch leider funktioniert das so nicht. Schau da drüben, dort stehen zwei mit einer Bierflasche am Kiosk. Sie sehen schmuddelig aus, trinken und schreien rum.“

Paul schaute in die Richtung. „Oh, kennst du die beiden?“

Henry schnaubte. „Nur vom Sehen. Doch sie gehören nicht zu uns. Sie sind nicht obdachlos. Sie haben eine Wohnung und bekommen auch Geld. Der eine arbeitet sogar."

Entsetzt sah Paul Henry an. „Aber … aber sie sehen wie Obdachlose aus."

„Nein, das tun sie nicht. Schau genau hin und dann schau mich an."

Pauls Kopf flog hin und her. „Ähm, du bist auf jeden Fall besser gekleidet und sauberer. Naja, du trinkst auch nicht."

Henry nickte. „Weißt du, viele haben ein Bild vor Augen, wie ein Obdachloser aussehen muss. Alte zerrissene Kleidung, dreckig, ungepflegt, betrunken und vieles mehr. Doch viele von uns Obdachlosen pflegen sich, soweit es uns möglich ist." Henry sah durch die vielen Menschen. „Dort kommt Sophie. Schau genau hin. Macht sie den Anschein, obdachlos zu sein?"

Paul blickte Sophie entgegen. Sie war langsam unterwegs. Zog einen kleinen Einkaufstrolley hinter sich her und hatte ein buntes Kleid und einen Mantel an. „Nein, wenn ich sie nicht kennen würde und nicht wüsste, dass sie im Wald schläft, dann würde ich sie für einen dieser Menschen mit Wohnung halten."

Mittlerweile hat Sophie die beiden erreicht. „Hallo, ihr zwei. Versucht ihr euer Glück?"

Paul zog an Sophies Rock und sie hob ihn hoch. „Sophie, warum siehst du nicht aus wie eine Obdachlose, obwohl du eine bist?"

Sophie lächelte. „Gibt es einen Leitfaden, wie eine Obdachlose aussehen muss? Wenn ja, dann habe ich ihn nicht gelesen. Viele haben ein Bild im Kopf, wie wir aussehen, doch eigentlich ist es oft gar nicht richtig. Schau mich an. Ich kleide mich gerne sauber und möchte auch nicht auf den ersten Blick als Obdachlose erkannt werden. Das bringt auch viel Ärger mit sich und ehrlich gesagt ist es mir etwas unangenehm. Henry kennen schon viele. Doch wenn er in eine andere Stadt gehen würde, würde man ihm nicht direkt seine Obdachlosigkeit ansehen, wenn er auf einer Bank sitzt. Naja und die zwei am Kiosk sind das beste Beispiel, dass man sich wirklich täuschen kann. Am besten ist es immer, uns direkt zu fragen."

Paul brummelte: „Voll kompliziert. Doch jetzt bist du da, Sophie. Sag mal, darf ich wieder mit in dein Zelt kommen?“

Sophie sah Henry an, dieser nickte. „Ja, nimm ihn mit, nur bring ihn wieder zu mir zurück.“ Zu Paul gewandt sagte er. „Untersteh dich, wieder Holger anzurufen. Die haben genug zu tun, als dich hin und her zu fahren. Merk dir einfach den Weg. Du bist eine Ratte und hast vier Beine. Genug zum Laufen.“

Paul lächelte Henry an. „Ich hab dich auch lieb.“

Sophie kicherte. „Na dann, gehen wir los. Bis morgen, Henry. Ich pass schon auf ihn auf und wenn es hell wird, bringe ich ihn wieder zu dir.“

Zelt ohne Wände

Als sie im Park ankamen, ließ Sophie Paul wieder runter. „Renn nicht so weit voraus."

„Nein ich bin vorsichtig. Sind wir bald da?"

„Gleich, Paul. Du weißt doch, erst müssen wir in den Wald."

Sie liefen einige Zeit nebeneinander her, bis sie im Unterholz ankamen. Paul schaute fasziniert die großen Bäume an. „Wow, die sind wirklich sehr gigantisch. So groß und grün und schau, eine Blume." Er zeigte auf ein kleines Moosröschen.

Sophie lachte. „Ja, hier ist es wirklich sehr schön. Ich wohne gerne hier im Wald."

Paul blieb stehen. „Kann nicht der Henry bei dir wohnen? Er hat doch diesen Wunsch. Er möchte gerne von den Mülltonnen weg. Er könnte bei dir im Zelt schlafen."

„Ach, Paul das geht nicht. Ich bin gerne alleine. Nicht, dass ich Henry nicht mag, doch er selbst könnte nicht in einem Zelt schlafen, er mag keine Wände."

„Menno, ich möchte so gerne, dass er glücklich ist.“ Paul schaute sehr traurig und seine Ohren hingen herab, wobei der Verband sich gelöst hatte. Sophie schnappte ihn sich und nahm ihn in den Arm. Vorsichtig entfernte sie den restlichen Mull und sah sich das Ohr an. „Das heilt gut. Wir lassen es offen, dann kann es besser heilen. Paul, das ist sehr lieb von dir, dass du an Henry denkst. Doch Henry muss das selbst entscheiden, wo er wohnt.“

Paul dachte nach. „Vielleicht könnten wir ihm ein Zelt ohne Wände bauen, hier im Wald. Da ist es auf jeden Fall viel schöner als in der Gasse.“

Sophie sah Paul an. „Mmh, ich würde sogar ein schönes Plätzchen kennen. Die kleine Lichtung, nicht weit von meinem Schlafplatz. Das wäre ein geeigneter Platz für Henry.“

Paul horchte auf. „Jetzt brauche ich nur noch so ein Zelt ohne Wände. Woher bekomme ich das?“

„Da wäre es am besten, du fragst Einstein. Er war früher im Baugewerbe tätig. Sicher hat er eine Idee.“

Paul war ganz aufgeregt. „Ja, das mach ich, können wir direkt zu ihm gehen?“

Sophie schüttelte den Kopf. „Nein, heute bist du bei mir und dann gehst du erst wieder zu Henry zurück. Sonst vermisst er dich. Ich werde versuchen, Einstein zu finden, und ihn zu dir schicken.“

Paul wisperte: „Können wir nicht mit Holger sprechen? Vielleicht hat er ein Zelt ohne Wände?“

Sophie sah Paul liebevoll an. „Was hat dir Henry gesagt? Nerve nicht die Leute von Unsichtbar mit deinen sonderbaren Wünschen. Das schaffen wir auch alleine. Wir Obdachlosen halten zusammen und helfen uns gegenseitig. Wenn es dein Wunsch ist, Henry zu überraschen, dann helfen wir mit. Dazu sind Freunde da.“

Zusammen richteten sie das Lager im Zelt und aneinander gekuschelt schliefen sie ein. Paul träumte von einem Zelt ohne Wände mitten auf einer großen Blumenwiese und einem lachenden, glücklichen Henry.

„Guten Morgen, Paul.“ Sophie schlug die Augen auf und sah einen Schatten außen am Zelt herunterrutschen. Paul schlüpfte unter dem Zelteingang herein. „Guten Morgen Sophie. Ich war rutschen. Das ist voll cool. Wenn Henry ein Zelt ohne diese Wände hat, meinst du, er kann mir vielleicht eine Wand bauen zum Rutschen?“

Sophie kicherte. „Mal sehen, was wir uns für dich einfallen lassen können. Eine Rattenrutsche bekommt sicher Einstein auch noch hin.“ Paul hüpfte vor Freude, doch dann blieb er stehen. „Oder bin ich zu alt dafür?“

Sophie gluckste. „Man ist nie zu alt, um Spaß zu haben. Warum soll nicht auch ich rutschen, wenn ich dazu Lust habe?“

Pauls Gesicht hellte sich auf. „Logisch, klar … Menschen lachen gerne, warum dann nicht auch ihr? Davon abgesehen, ja, ihr seid auch Menschen, eben besondere Menschen … so wie ich eine besondere Ratte bin.“

Sophie kicherte los. „Du hast Recht, wir sind eben besondere Menschen. Doch nun komm, ich bring dich zu Henry. Vielleicht treffen wir

Einstein, wenn wir durch den Park laufen. Manchmal geht er frühmorgens mit Zwerg dort spazieren."

Paul hüpfte freudig hinaus. „Au ja, dann kann ich ihn direkt selbst fragen, wegen diesem Zelt."

Sie machten sich beide auf den Weg und Paul pfiff fröhlich vor sich hin. Der Park war noch sehr ruhig. Nur ein paar Hundebesitzer gingen Gassi mit ihren Vierbeinern. Paul sah sich um und flüsterte: „Das ist nicht Zwerg … das auch nicht … der auch nicht … oh … der sieht aus wie Zwerg … das ist Zwerg." Er schrie los: „Einsteeeiiiin!"

Ein tiefes Lachen kam zurück. „Na, wenn das nicht der Paul ist und Sophie ist auch dabei. Schönen guten Morgen." Er lief auf die beiden zu. „Was macht ihr so früh am Morgen schon hier?"

Sophie sah ihn an. „Wir sind hier lang gegangen, in der Hoffnung, dich zu sehen. Paul hat eine Frage an dich. Wo ist er denn hin?" Sophie und Einstein sahen sich um und lachten schallend los. Paul saß auf Zwerg und mit einem lauten „Jippiii yeah, ich bin ein Cowboy!!“ flitzten sie über die Wiese. Einstein pfiff und Zwerg kam sofort herbei, einen atemlosen Paul auf sich sitzend.

„Paul, was wolltest du mich fragen?“

„Uff, also … ich brauche ein Zelt … eins ohne Wände.“

Einstein sah Paul irritiert an. „Ein Zelt ohne Wände ist kein Zelt.“

Paul riss die Augen auf. „Es muss aber ein Zelt ohne Wände sein, damit Henry sich wohlfühlt. Er mag keine Wände und ich möchte gerne eine Rutsche.“

Einstein sah ratlos zu Sophie. „Weißt du, was er meint?“

„Ja, Einstein, er möchte gerne ein neues Zuhause für Henry. Damit dieser von den Mülltonnen wegkommt. Ich hatte an die kleine Waldlichtung beim Bach gedacht, nicht weit von mir. Vielleicht könnten wir einen Unterstand bauen oder so.“

Einstein zog die Stirn in Falten und Paul stierte ihn an. „Denkst du jetzt? Du hast doch so ein Dipelon, damit kannst du sicher etwas bauen?“

Einstein seufzte. „Tja, da muss ich mal grübeln. Doch ich habe eine Idee. Lass uns morgen Nachmittag an der Lichtung treffen. Ach, und wenn einer von euch heute Nacht jemanden vom Unsichtbar e.V. trifft, fragt nach einer Plane."

Paul schaute mit großen Augen Einstein hinterher. Er ging mit schnellen Schritten zu seinem Rollator, den er etwas weiter weg abgestellt hatte. Dort kramte er etwas heraus und setzte sich hin. „Sophie, was macht er da jetzt?"

Sophie nahm Paul auf den Arm. „Er wird irgendetwas entwerfen. Lass ihn, er muss jetzt denken. Dich bringe ich zu Henry und dann gehe ich bei der Gelegenheit direkt duschen. Ist schon wieder lange her."

Paul kuschelte sich an Sophie und schwieg.

Jeder darf lachen

Es dauerte nicht lange und sie hatten die Gasse erreicht. Henry saß vornübergebeugt auf seiner Matte. Paul sprang von Sophies Arm und rannte zu ihm. „Huhu, ich bin wieder da.“

Henry sah auf und seine Lippen verzogen sich zu einem Lächeln. „Komm her, lass dich knuddeln. Du hast mir gefehlt. Dabei warst du nur eine Nacht weg. Es ist schon erstaunlich, wie schnell man sich an nette Gesellschaft gewöhnt. Auch wenn es nur eine Ratte ist.“

Sophie kicherte. „Ja, der kleine Kerl wächst einem schnell ans Herz. So, und nun gehe ich weiter.“ Sie drehte sich um und ging.

Paul sah Henry an. „Es war super toll und wir haben auch Einstein getroffen und Zwerg.“

Henry schmunzelte. „Das ist schön, wenn du Spaß hattest.“

„Hey Henry, auch du kannst Spaß haben, denn du bist ein Mensch. Das hat Sophie gesagt. Nämlich, dass alle Menschen Spaß haben dürfen, egal ob obdachlos oder nicht. Das finde ich voll cool, obwohl ich erst gedacht habe, dass es nicht so ist. Du weißt schon … wegen traurig sein, weil ihr ja keine Wohnung, Schränke und Keramikschüsseln habt."

Henry sah fasziniert auf Paul. „Das ist eine wirklich tolle Erkenntnis. Nur weil man nichts hat, ist das noch lange kein Grund, nicht gelegentlich zu lachen. Neulich kam ein junger Mann vorbei. Eigentlich wollte er nur seinen Müll in die Tonne schmeißen, doch als er mich sah, setzte er sich spontan zu mir. Ehrlich gesagt war ich total überrascht. Doch er sagte einfach Hallo und fragte: Soll ich dir einen Witz erzählen? Glaube mir, das erlebt man nicht alle Tage. Doch auch das gibt es. Wir lachten wirklich herzhaft über seine Witze. Er meinte dann, er hat leider kein Geld bei sich, sonst würde er mir etwas geben. Doch das war nicht nötig, denn er hat mir etwas viel Kostbareres geschenkt."

Paul sah Henry fragend an. „Was denn?"

Henry drückte Paul an sich. „Er hat mir einen Moment seiner Zeit geschenkt, hat mich zum

Lachen gebracht und mich gesehen. Das war wertvoller als alles andere.“

Paul knetete seinen Schwanz zwischen den Pfoten. „Sag mal, warum machen das nicht alle Menschen?“

„Ach Paul, weil sie sich nicht trauen. Dabei beißen wir nicht und vielleicht, weil sie sich nicht die Mühe machen, hinzusehen.“

Paul feixte. „Ach ja, Unsichtbar, da war doch was.“

Henry kitzelte Paul und dieser fing an zu kichern. „Hi, hi, wir haben Spaß zusammen und bald noch viel mehr, doch das verrate ich dir noch nicht.“

Henry schaute Paul verblüfft an. „Okay, ich lass mich gerne überraschen.“

Zusammen verbrachten sie einen wundervollen Tag. Aus der Gasse erklang immer wieder schallendes Gelächter, als sie sich gegenseitig Witze erzählten. Passanten gingen vorbei, blieben stehen und lauschten. Sie verstanden es nicht, dass dort ein Obdachloser saß und herzhaft lachte.

Mitten in der Nacht schlug eine Autotür zu. „Hallo, hier ist Unsichtbar, seid ihr wach? Braucht ihr etwas?“ Paul krabbelte flink aus seinem Muff und rannte ihnen entgegen. „Huhu, oh, Regine, ich muss dringend mit euch sprechen.“

Regine lächelte ihn an. „Na dann komm, wir gehen um die Ecke und Holger kann Henry einen Kaffee machen.“ Regine hob Paul hoch. „Also was hast du auf dem Herzen? Brauchst du wieder die bunten Dinger?“

„Nee … oder doch, auf Vorrat. Doch ich brauche eine Plane. Naja, Einstein braucht sie. Habt ihr eine?“

„Für was braucht ihr diese Plane und wie groß soll sie sein?“

Paul überlegte. „Könnt ihr nicht bei Einstein vorbei und ihn fragen? Weißt du, ich möchte Henry ein Zelt ohne Wände bauen und Einstein hilft mir dabei.“

„Oh, das ist eine schöne Idee, dann kommt er von den Mülltonnen weg. Ich spreche es nachher mit Holger ab. Das wird schon klappen.“

Sie gingen beide zusammen zurück zu Henry und Holger sah Paul an. „Na Paulchen Panther.“

Paul knurrte. Hey, ich bin nicht rosa! Du begibst dich auf sehr, sehr dünnes Eis.“

Alle lachten los und Paul streckte Holger die Zunge raus. „Holger, vergiss nicht, dass ich eine Ratte bin. Gruselig, gefährlich und …“

Holger schnappte ihn sich und hielt ihn hoch. Dann pikste er Paul in den Bauch. „Du bist eine Nervensäge. Was heckst du wieder aus?“

Paul zwinkerte mit seinen blauen Augen. „Nö, nichts, gar nichts … alles im grünen Bereich.“

Regine grinste. „Komm Holger, wir müssen weiter. Einstein braucht etwas, da sollten wir gleich vorbeifahren. Euch eine schöne Nacht und bleibt gesund.“

Holger ließ Paul auf Henrys Schlafsack plumpsen. „Aua, Menno, das war hoch. Ich bin doch kein Plüschtier.“

Henry grummelte. „Jetzt ab in deinen Muff. Es ist Zeit, dass wir endlich schlafen.“ Das Team von Unsichtbar fuhr weiter und die beiden machten es sich gemütlich.

Pläne der Ungeduld

Kaum ging die Sonne auf, war Paul wach. Die ganze Nacht hatte er von Zelten ohne Wände geträumt und er war sehr ungeduldig. Es fiel ihm schwer, nichts zu verraten. „Henry, huhu, bist du schon wach?"

Henry schlug seinen Schlafsack zurück. „Guten Morgen, Paul. Gerade geht die Sonne auf und du hüpfst schon wieder rum, als hättest du in Ameisen geschlafen. Was ist mit dir los?" Paul riss die Augen auf. „Öhm nix, gar nix. Wann ist Nachmittag?"

Henry schüttelte den Kopf. „Jetzt ist früher Morgen, dann kommt der Vormittag, dann der Mittag und dann erst der Nachmittag. Also noch lange hin." Entsetzt sah Paul ihn an. „Das ist länger als eine Nacht. Voll krass, geht das nicht schneller?" Henry schmunzelte. „Hättest du länger geschlafen, wäre jetzt vielleicht schon Mittag."

Paul huschte in seinen Muff. „Ok, ich schlaf weiter, und wenn ich dann aufwache, ist Mittag." Er schloss sofort die Augen.

Henry schnappte ihn mitsamt dem Muff und hielt ihn hoch. „Vergiss es, du hast mich geweckt, also bleibst du mit mir wach. Warum soll es eigentlich Nachmittag sein?“

Paul öffnete ein Auge. „Ich habe eine Verabredung.“

„Darf ich mit?“, fragte Henry.

Paul schüttelte den Kopf. „Nein du darfst nicht mit. Nur ich alleine. Das wird eine Überraschung.“

Henry gluckste. „Ok, dann lass uns heute zusammen hier verbringen, bis deine Verabredung stattfindet.“

Sogleich schlüpfte Paul aus seinen Muff. „Darf ich dich etwas fragen?“

„Klar, frag einfach.“

„Also, ich habe nun schon viele Obdachlose kennengelernt und ich habe gelernt, dass obdachlose Menschen auch Menschen sind wie alle, nur dass sie keine Wohnung haben. Also ist der Unterschied doch eigentlich nur das Dach über dem Kopf.“

Henry lächelte Paul an. „Sagen wir es einmal so: Das Einzige, was einen anderen Menschen von einem Obdachlosen unterscheidet, ist dieses kleine Quäntchen Glück, das dieser mehr hatte.“

Paul seufzte tief auf.

„Doch wir haben uns beide und dies ist auch wertvoll. Naja und die vielen Freunde. Sophie sagt, Freunde halten zusammen.“

Henry knuddelte Paul an sich. „Genau, wir haben Freunde und das ist sehr wichtig. Menschen, denen wir vertrauen können und die für uns da sind, wenn wir sie brauchen."

Henry zog seinen Gaskocher hervor und erwärmte eine Dosensuppe. Gemeinsam saßen sie zusammen und auch Paul bekam etwas ab. So verging die Zeit bis Nachmittag wie im Fluge. Henry stupste Paul an. „So und nun genug davon, ich denke, dass du jetzt los kannst. Komm jedoch, bevor es dunkel wird, wieder zurück, damit ich mir keine Sorgen machen muss."

Paul drückte sich fest an Henry. „Ich komme ganz bestimmt wieder. Pass auf dich auf." Mit diesen Worten sprang er von Henry runter und flitzte aus der Gasse. Vor sich hin grübelnd ging er die Straße entlang. „Wenn ich nur wüsste, wo es in den Park geht … Das sah irgendwie anders aus gestern. Menno, ich muss Sophie finden." Frustriert ließ er sich an einer Treppe nieder, als er eine Stimme hörte. „Bist du das Paul?", erklang es neben ihm.

Er sah hoch und stellte sich sogleich auf. „Oh, Kevin. Schön, dass du mich gefunden hast.“

Kevin stutzte. „Ich habe dich nicht gesucht.“

„Das ist doch super, du hast mich gefunden, obwohl du mich gar nicht gesucht hast, das ist toll.“

Kevin legte sich die Hand vor die Stirn. „Ehrlich jetzt, du bist etwas verrückt. Ich denke mir jetzt einfach, dass du dich verlaufen hast.“

Paul streckte die Brust raus. „Nö – hab ich nicht. Also, ich möchte zu Sophie und habe mir gedacht, das du auch dahin willst, denn Einstein ist auch dort. Also ist es praktisch, dass du mich gefunden hast.“ Verschmitzt schaute Paul Kevin an. „Okay, dann werden wir zusammen zum Park gehen, um zu finden, was wir nicht suchen.“

Kevin lachte schallend los. „Was für eine verwirrte Ratte. Komm, Paul, machen wir ein Wettrennen.“ Schon joggte er los und Paul hetzte mit seinen kurzen Beinen hinterher.

Sie mussten den ganzen Park durchqueren, bis sie Sophie sahen. Paul war ganz atemlos und Kevin lachte immer noch, als er bei Sophie ankam. „Hallo Sophie, ich habe hier jemanden gefunden, den ich gar nicht gesucht habe.“ Sophie sah ihn etwas irritiert an. „Hallo Paul, ich wusste nicht, dass du Kevin kennst. Doch schön, dass du ihn mitgebracht hast.“

Paul sah sich um. „Menno, wo ist Einstein? Er wollte doch dieses Zelt ohne Wände bauen.“

Sophie schmunzelte. „Wie immer ungeduldig. Kommt mit, wir gehen zu der kleinen Lichtung. Ach, und Kevin, wenn du mit möchtest, musst du aber schwören, dass du niemanden etwas verrätst. Du weißt ja, sonst ist es nicht mehr sicher für uns.“ Kevin sah zwischen die Bäume. „Ja klar, ich kann ein Geheimnis für mich behalten.“

Sophie räusperte sich. „Nun kommt, folgt mir.“ Sie machten sich auf den Weg zwischen die Bäume hindurch. Dann lichtete sich das Gestrüpp und eine kleine Lichtung kam zum Vorschein. Ein kleines Rinnsal, ein Nebenläufer vom Bach, floss hindurch. Staunend blieben sie stehen. Paul fand zuerst seine Worte wieder. „Wow, wo kommen die alle her?“ Dann rannte er los und rief: „Oh, Hallo Jockel, Hallo Alfred und da ist auch … Hallo Einstein, das ist megafantastischcool. Warum sind hier so viele?“

Alfred sah Paul an. „Weißt du, Freunde helfen sich untereinander. Du möchtest gerne Henry eine Freude machen und er ist auch unser Freund, also helfen wir dir, alle gemeinsam."

Paul wischte sich eine Träne von der Schnauze, die sich aus seinen Augen gestohlen hatte. „Ich weiß gar nicht, was ich sagen soll. Ist das eine Plane? Oh, die Plane geht hinten runter. Es ist sooooo toll… Voll krass, ey." Paul ging ehrfürchtig näher. Er starrte in das kleine Bächlein und grinste plötzlich wie ein Pfefferkuchen. „Wow, sogar ein Pool für mich."

Es erklang lautes Gelächter und Paul wurde es warm im Inneren. Er war überwältigt. Sophie hob ihn hoch. „Wie wollen wir Henry sein neues Zuhause zeigen?"

Paul sah Sophie an. „Kannst du ihn nicht herlocken? Einfach sagen, deine Taschen sind zu schwer, und dann hilft er dir. Ganz bestimmt, und dann zeigen wir es ihm."

Sophie überlegte. „Das könnte klappen. Dann musst du dich nun auf den Weg machen, damit Henry nichts davon mitbekommt. Ich komm dann abends und hole euch ab."

Paul schaute zu dem Bauwerk, das die Freunde im Wald gebaut hatten. Es waren Stangen im Boden und von Baum zu Baum. Oben und nach hinten war eine Plane, sodass kein Regen hineinkam, und drei Seiten waren offen. Dort standen nur ein paar Sträucher, die Schutz boten. Paul fragte. „Aber er braucht doch seinen Schlafsack und meinen Muff?“

Einstein kam herbei und grinste. „Keine Sorge, sobald ihr losgelaufen seid, rufe ich Unsichtbar an und sie bringen Henrys Sachen hierher.“

Paul nickte eifrig. „Ok, und lass sie nicht meinen Muff vergessen.“

„Nein, den vergessen sie schon nicht“, meinte Sophie lächelnd. „Doch nun lauf. Ich hoffe, du findest alleine zurück. Kevin kann uns hier noch etwas helfen.“

Paul hüpfte aus Sophies Arm, stellte sich auf und sah zu ihr hoch. „Klar finde ich den Weg. Ich bin schließlich eine schlaue Ratte.“ Er winkte allen noch einmal zu und lief los.

Einstein schaute ihm nach. „Ob das gut geht? Er hat doch gar keinen Orientierungssinn.“

Sophie lachte. „Naja, irgendeiner wird ihn schon finden, auch wenn er ihn nicht gesucht hat.“

Paul konnte es immer noch nicht fassen, dass so viele seinen Wunsch erfüllten. Er war doch bloß eine kleine Ratte. Naja, eine besondere Ratte. Eine schwarz-weiß gefleckte Ratte. Eine obdachlose Ratte. Er hatte ein sehr warmes Gefühl in sich. Verträumt ging er immer weiter. Er lächelte vor sich hin. „Ist das Glück, was ich in mir spüre? Wohl Freude, ganz megafantastische Freude." Er fing an zu singen. „Jawumbaba, Jawumbaba heute bin ich fröhlich, so fröhlich …"

Jawumbaba (2)
Da war doch was? Die Stelle mit der Vogelscheuche. Erinnerst du dich noch?

„…. Ehrlich jetzt? Ich habe einer Vogelscheuche meine ganze Geschichte erzählt. Das ist voll krass. Verflixt, ich muss Henry finden oder zumindest ein Telelflon.“ Paul stand auf und sah nach oben, dann schaute er sich kopfschüttelnd um. „Tja, da haben wir den Salat. Ich steh mitten im Feld und habe mich verlaufen. Ok, ich habe mich wieder verlaufen und ich muss dringend zu Henry. Nur wo geht’s lang?“ Er sah hoch, dann hellte sich sein Gesicht auf. „Hey, danke, genau, ich gehe in die Richtung in die du zeigst. Tja, dann ist eine Vogelscheuche doch zu etwas gut.“

Fröhlich singend machte sich Paul auf den Weg über das Feld. Er sah Lichter in der Ferne und darauf ging er zu. Man hörte ihn trällern. „Jawumbaba, Jawumbaba, heute bin ich fröhlich, so fröhlich, so fröhlich …“

Als er die ersten Lichter der Stadt erreichte, sah er vor sich einen Mann, aus einer Gasse kommen. Er traute seinen Augen nicht und brüllte los: „Henry!!! Wow, schön, dass du mich gefunden hast.“ Er warf sich in seine Arme.

„Na du kleiner Irrläufer. Hast du wieder den Weg nicht gefunden?“

Tief atmete Paul aus. „Ähm, naja, ich wusste doch, dass du mich findest.“

Henry lachte herzhaft los. „Na, dann komm, gehen wir nach Hause. Für dich war heute sicher ein aufregender, langer Tag und ich muss gleich noch weg.“

„Warum? Musst du müssen?“

„Nein, Sophie braucht meine Hilfe. Sie ist etwas einkaufen und fragte mich, ob ich ihr tragen helfen kann. So habe ich auch erfahren, dass du dich wohl verlaufen hast. Also habe ich dich gesucht – und gefunden.“

Paul bekam wieder dieses warme Gefühl. „Sag, Henry, ist dir auch so warm? Mir ist ganz warm da drin.“ Er zeigte auf seinen Bauch.

„Ja, mein kleiner, mir ist auch ganz warm da drin. Das ist ein schönes Gefühl.“

Schweigend gingen sie in die Gasse.

Kaum, dass sie es sich gemütlich gemacht hatten, kam Sophie. „Hallo, darf ich euer Wohnzimmer betreten?“, fragte sie lachend.

Paul nickte. „Freunde dürfen das immer.“

Henry stand auf. „Paul, möchtest du mit oder lieber hier warten?“

Paul krabbelte hektisch in die Manteltasche. „Klaro, ich muss mit, ganz unbedingt.“

Henry schmunzelte und schnappte sich Sophies Trolley. „Na, dann komm, Sophie, ich begleite dich und ich finde es sehr schön, dass du mir dein Vertrauen schenkst.“

Paul lugte heraus. „Was für ein Vertrauen schenkt sie dir denn?“

Henry lachte Sophie an. „Das Vertrauen, mir ihren Schlafplatz zu zeigen. Das ist ein sehr großes Vertrauen, das sie mir damit schenkt.“

Sie gingen gemütlich und unterhielten sich über dies und das. Als sie in den Park kamen, wurden sie still und gingen schweigend nebeneinander her. „Henry, jetzt sind wir gleich an meinem Zelt. Doch ich möchte davor noch kurz die Tiere auf der Lichtung füttern. Geht es klar, dort vorbei zu gehen?“

Henry sah sie an. „Selbstverständlich komme ich mit dir.“

Paul grummelte genervt aus der Tasche: „Warum müssen wir jetzt Tiere füttern? Ich bin auch ein Tier, falls ihr es vergessen habt. Ich will auch Futter."

Sophie schüttelte den Kopf. „Paul, wir … füttern … Tiere …" Sie betonte jedes Wort und Paul steckte den Kopf heraus und krabbelte an Henrys Nacken. Sophie zwinkerte ihm zu. „Oh,… ja klar … wir füttern die Tiere." Er begriff etwas verzögert und konnte sich ein Lächeln nicht verbeißen. Sie gingen tiefer in den Wald. Sophie nahm Paul von Henrys Nacken und setzte ihn auf ihren Arm. Kurz vor der Lichtung, blieben sie stehen und Sophie lächelte Paul an. „So, nun bist du dran, kleine Ratte."

Henry blickte erstaunt zu Paul. Dieser stellte sich auf und räusperte sich. „Ähm … also … naja, Henry ..." Er fand einfach nicht die richtigen Worte. Er zeigte in die Richtung der Lichtung, sah Henry mit einem tiefen Blick an und sagte. „Bitte geh … und schau selbst."

Henry blickte ihm tief in die Augen, dann drehte er sich um und ging durch das Gestrüpp weiter. Sophie folgte mit Paul. Was dahinter auf sie wartete, das hatten sich alle drei nicht in ihren kühnsten Träumen ausgemalt. Das Zelt ohne Wände stand mitten auf dem kleinen Platz in der Senke und viele kleine Lichter beleuchteten es. Man sah Henrys Schlafplatz und sogar Pauls Muff darin liegen. Auf einem kleinen Holzstamm stand eine Lampe, die dies alles in dämmrigen Schein tauchte. Doch das Allerschönste waren die Menschen hier. Da standen sie, die Freunde, die es möglich gemacht hatten: Alfred, Jockel, Einstein, Andy, Tom, Steffen, Kevin, Alex, der Arzt, und sogar Holger und Regine waren da. Henry drehte sich um und sah Paul intensiv an. „Was … was ist das alles?“

Paul wischte sich die Tränen aus den Augen und flüsterte leise. „Überraschung! Du hattest einen Traum und ich habe ihn für dich erfüllt. Schau, ein Zelt ohne Wände, ein neuer Platz.“

Henry war sprachlos und schaute in die Runde. Er wischte über seine Augen, schnappte sich Paul und drückte ihn an sich. „Oh du kleiner Kerl. Es ist ein wunderschöner Platz. Doch weißt du, was noch Wertvoller ist? Das bist du, denn du hast so ein großes Herz und du lässt es für mich schlagen.“ Er lächelte alle an. „Danke, danke, dass ihr dem kleinen Kerl geholfen habt. Es bedeutet mir sehr viel. Der neue Schlafplatz ist wunderschön. Doch was ich besonders schön finde, ist, dass es Menschen wie euch gibt. Freunde, die mich als Mensch sehen."

Paul gluckste. „Du hast die Ratte vergessen, die auf deinem Arm sitzt."

Henry lachte schallend los und alle fielen mit ein. „Halt's Maul, Paul, dich kann man nicht vergessen."

Paul kicherte los. „Nee, ganz bestimmt nicht. Es war wie ein kleines Fest. Viele Witze wurden erzählt, es wurde herzhaft gelacht und so manch eine Geschichte fand ihren Platz. Später, als alle gegangen waren, lag Henry in seinem Schlafsack und neben ihm, im Muff, lag Paul. Es herrschte Stille um sie herum. Ab und zu hörte man ein Knacken und Rascheln, wenn ein Tier vorbeihuschte. Beide lagen wach. Plötzlich krabbelte Paul aus seinen Muffschlafsack und auf Henrys Bauch. Dort stellte er sich auf und hielt sich die Pfote vor das Gesicht.

Henry schielte ihn an. „Was machst du da?" Paul lachte leise. „Schau mal, ich bin unsichtbar."

Henry schnappte ihn und stopfte ihn wieder in seinen Muff. „Du bist mir ein Spaßvogel, doch du bringst mich zum Lachen. Ja wir sind unsichtbar und doch gibt es Menschen, die uns sehen. Alles fängt klein an und viele kleine Dinge ergeben etwas Großes. So und nun gute Nacht und träum schön."

„Schlaf gut, mein Freund", kam es aus dem Muff, bevor beide die Augen schlossen und schliefen.

ENDE

… oder doch nicht …?

„Hallo du.
Ja, genau, dich meine ich.“

Paul grummelte: „Ehrlich jetzt. Sie hat einfach ein Ende darunter gesetzt. Einfach so … dabei gibt es noch viel zu erleben. Ich habe mich über die Tastatur geschmissen, doch sie hat das Wort einfach gedrückt.“ Paul überlegte. „Hätte sie nicht auf Wiedersehen schreiben können? – Aber nein, es ist ein fettes Ende. Doch diesen Zahn zieh ich ihr.“ Paul lachte triumphierend. „Schau, ich quatsche einfach weiter und somit steht das Ende nicht mehr unten und was heißt das nun? Jawumbaba – möge die Macht mit dir sein. Du, genau du hast diese Macht. Es liegt nun an dir, ob ich noch mehr von meinem Leben erzählen darf. Naja, auch ein bisschen an Regine, ob sie mich zwischen weitere Buchdeckel quetscht.“ Paul grinste. „Doch die Entscheidung liegt bei dir als Leser*in, sagt Regine, und ob ich beliebt werde. Hey, mich liebt jeder." Tief seufzte Paul auf. „Naja, da ist Holger, doch ich glaube fest, dass er mich auch lieb hat, trotz seiner Rattenphobie. Immerhin heißen nun alle Ratten Paul für ihn." Ein Lächeln stahl sich auf Pauls Gesicht. „So, du kennst mich nun und ich bin neugierig, wer du bist. Möchtest du mehr von meinem weiterem Leben erfahren? Ich habe mir überlegt, dass ich dir etwas Platz lasse, damit du deine Eindrücke und Fragen notieren kannst. Also nimm einen Stift und schreibe."

„Ähm, leg los. Du hast die Möglichkeit, ein Kreuz zu setzen!!!!!"

X = Ja, für mehr Paul – also mich

Mein Blick fällt auf das Blatt. „Paul, warum ist da schon ein Kreuz und wo ist die Gegenfrage?“

Paul schaute irritiert. „Ich bin ne Ratte und nicht doof. Also nur eine Frage und ich helfe mit und setze gleich das Kreuz. Ich überlasse doch nichts dem Zufall.“

„Halt‘s Maul, Paul, geschummelt wird nicht.“

„Oh, Menno. Hey du, ja, dich meine ich. Schau in meine Augen. Ja ganz tief und nun wiederhole mein Mantra … mehr Paul … mehr Paul … mehr Paul …“

Bevor die Macht der vorwitzigen Ratte über dich kommt, hoffe ich, dass dir das Buch gefallen hat. Über ein kleines Feedback würden wir uns freuen. Wenn du Lust hast, besuche uns auf unseren Seiten und schau unbedingt auch bei UNSICHTBAR e.V. vorbei.

Links findest du auf den nächsten Seiten. Nun hast du die Möglichkeit, dir noch ein paar Notizen zu machen.

Notiere hier Fragen an Paul

„Ja, an mich, immerhin bin ich der Hauptdarsteller … ok neben Henry, doch ich werde für dich die Antworten finden."

Paul dachte angestrengt nach. „Mmh, also, ich habe einen Wunsch und vielleicht kannst du ihn mir erfüllen. Ich möchte Henry gerne ein Bild von mir schenken. Nicht so eine Fotografie, nein, ein richtiges gemaltes Bild. Kannst du mir helfen? Schick deinen Picasso à la Paul, einfach an Regine – ich würde mich sehr freuen."

(Gerne würden wir die eingesendeten Bilder auch veröffentlichen. Nur mit deinen Vornamen und Alter, bitte dazu schreiben ob du es uns erlaubst.)

Paul schaute auf. „Ich vertrau auf dich. Hilf mir, durch die Welt zu wandern. Ach und im Anhang erfährst du noch etwas über meine Autorin Regine, natürlich über UNSICHTBAR e.V., die ganzen Mitwirkenden und … Hey was ist mit mir? Regineee!!! Holgeeeer!!! Ich will auch so ein Porterrät haben!!!"

„Halt's Maul, Paul."

Regine Sonnleitner

Regine Sonnleitner ist 1969 in Oberfranken geboren und aufgewachsen und wohnt seit 24 Jahren in NRW. Sie ist ein positiver Mensch, und ihre Liebe zur Natur und zum Leben spiegelt sich in ihren Büchern wider.

Von ihren Lesern wird sie immer wieder liebevoll als Herzautorin bezeichnet.

Mit „Halt's Maul, Paul" hat sie sich an ein Thema gewagt, das ein Herzprojekt von ihr ist. Achtsamer durchs Leben gehen, Hinschauen und nicht wegsehen. Sie selbst ist in der Obdachlosenhilfe bei UNSICHTBAR e.V. ehrenamtlich tätig und dies hat sie auch dazu veranlasst, dieses Buch zu schreiben.

Das Besondere an Regines Büchern ist, dass überwiegend Tiere die Hauptdarsteller sind. In ihren Büchern bedient sie sich eines Kunstgriffs, den man schon von Dr. Doolittle kennt. Als Leser versteht man die Sprache der Tiere. Eines aber ist hier anders. Auch die Menschen können mit den Tieren sprechen. Dieses stilistische Hilfsmittel bringt die Tiere auf eine menschliche und verständliche Ebene, ohne kindlich oder niedlich zu erscheinen.

Die Autorin schafft den Spagat, ihre Inhalte sowohl für Kinder als auch für Erwachsene und insbesondere ältere Menschen so darzustellen, dass sie nicht nur ansprechen, sondern Herzen berühren.

Sie ist nicht die typische Autorin, deren Geschichten mit Recherchen beginnen. Sie braucht nur Inspiration und diese holt sie sich aus Beobachtungen, Gesprächen und Gefühlen. Ihre Geschichten wachsen mit dem Schreiben, nie kennt sie das Ende einer Geschichte, wenn sie beginnt. Die Idee und Inspiration für „Paul“ bekam sie auf den nächtlichen Touren mit Holger Brandenburg sehr zahlreich geliefert.

In ihren bisherigen Romanen flattert die kleine Fledermaus Malu mit dem großen Herzen durch die Nacht, immer auf der Suche nach neuen Erkenntnissen, und möchte die Menschen auffordern, sich wieder eine Auszeit vom lauten Alltag zu gönnen. Sie schreibt über aktuelle Themen, u.a. den Naturschutz, Freundschaft, Hoffnung, Zuversicht, Erkenntnis, Trost, sogar Demenz hat ihren Platz gefunden.

Bisher hat Regine Sonnleitner sechs Bücher, (sieben mit Paul) veröffentlicht und ist Mitschreibende in einem Kinderbuchprojekt und in zwei Anthologien für den guten Zweck gewesen. u.a. der Anthologie „Unsichtbare Weihnacht“ für den UNSICHTBAR e.V.

Wenn ihr mehr über Regine Sonnleitner und ihre Werke erfahren möchtet, besucht sie gerne auf ihren Seiten im Internet.

www.regine-sonnleitner.de
www.facebook.com/ich.frag.mal.paul
www.lovelybook/reginesonnleitner.de
www.instagram/malufledermaus.de

regine-sonnleitner@t-online.de

Pauls Porterrät

Paul wurde das erste Mal auf einer Tour von Regine und Holger gesichtet. Es war eine eisige Nacht im Dezember Anno 2021. Die Nacht war unheimlich und gruseliger Nebel zog vor den Scheinwerfern vorbei. Wie eine dieser Nebelschwaden schlich er sich in deren Köpfe und blieb dort hängen. Er knallte förmlich hinein. Seitdem schlägt er darin Kapriolen. Ausschlaggebend war die Rattenphobie von Holger.

Paul ist chaotisch, lustig, etwas verrückt, liebevoll und hat ein großes Herz für alle Bedürftigen. Seine Andersartigkeit macht ihn zu etwas besonders Außergewöhnlichem.

Seinen tiefen Bezug zur Welt der Obdachlosen lernte er durch seine Freundschaft mit Henry kennen. Paul möchte die Menschen, egal, ob klein oder groß, mitnehmen in die Welt der Obdachlosen.

Durch ihn soll der/die Leser*in eine reale Sicht auf die Situation und die Menschen bekommen, die in tiefster Nacht noch auf der

Straße leben. Sein Blickwinkel geht weit in die Welt der Obdachlosigkeit und ihre Nöte. Er möchte die Menschen dazu auffordern, die Menschen zu sehen, die so fühlen wie du und ich.

Seine Bitte an Dich:

Schau hin &
nicht weg.

Holger Brandenburg

Holger Brandenburg wurde 1969 in Witten geboren und lebt in Ennepetal.

Nachdem sich in seinem Leben sehr vieles verändert hatte und für ihn der Sinn des Lebens mittlerweile kein Puzzlespiel mehr war, entschloss er sich, aus dem Erlebten etwas Sinnvolles zu tun.

Schon in seiner Kindheit wurde er durch seine sehr gläubige Großmutter immer wieder darauf aufmerksam gemacht, dass man – bevor man an sich selbst denkt, erst einmal schaut, ob es allen anderen auch gut geht.

Diese Gedanken seiner Großmutter waren für ihn ein Buch mit sieben Siegeln und bevor er dieses öffnen durfte, musste er durch viele verschiedene Lebenssituationen gehen.

Diese waren mit erfolgreichen Berufen verbunden aber auch mit genau dem Gegenteil, bis hin zur vollkommenen Vereinsamung und Verarmung.

Doch wo andere den Kopf hängen ließen, suchte er in allem, was passierte, den Sinn dafür und fand ihn auch irgendwann.

„Das Leben“, so sagt er, „ist ein reiner Lernprozess, wir bekommen es für eine vorgegebene Zeit zur Verfügung gestellt und dürfen uns dann auf die Suche danach machen, wofür wir bestimmt sind. Viele Menschen haben keine Zeit dafür, den Sinn des Lebens zu finden. Andere wiederum nehmen sich diese Zeit und leben sie, bis zu dem Punkt, wo sie mit sich eins geworden sind und aus dem, was sie erlebt haben, etwas machen können.“

UNSICHTBAR e.V.

2014 fing Holger Brandenburg damit an, nachdem es seinem Hund Ben (*02.02.2007 +01.03.2021) an einem Wintertag eindeutig zu kalt war und dieser nach Hause wollte, darüber nachzudenken, wie es wohl den Menschen auf der Straße geht, die kein Zuhause haben. So machte er sich auf den Weg, um diese Welt zu erkunden, und stieß schon bald auf Menschen, die hinter dem Vorhang der Gesellschaft lebten.

2015 stand er vor der Entscheidung, einer von vielen bestehenden Organisationen für die Obdachlosenhilfe beizutreten oder etwas Eigenes in die Welt zu setzen. Er wollte etwas, das anders ist, eine Organisation, die nicht das macht, was alle anderen schon machen. Es sollte etwas Besonderes werden, genauso besonders, wie seine Großmutter war. Sie hatte es ihm beigebracht, anders zu denken, wie man über den eigenen Tellerrand hinausschauen kann, und sich dabei gut zu fühlen, und es sollte besonders werden. Genauso, wie sein Hund es für ihn war, der ihn auf diese Idee brachte.

Somit gründete er UNSICHTBAR e.V. Ein Name, der all die Menschen widerspiegelt, die sonst niemand sieht, ob arm oder obdachlos, ob mit Dach über dem Kopf oder ohne. UNSICHTBAR e.V. handelt unbürokratisch und schnell, ohne sich erst durch Welten der Bürokratie zu wälzen.

Hilfe im Hier und Jetzt – ohne zu fragen, wieso und weshalb – ein Slogan, der bis heute gelebt wird.

Als Gründer und Erster Vorsitzender des Vereins lebt er diese Welt, indem er seinen Sinn des Lebens verfolgt, und das Buch mit den sieben Siegeln, das er schon lange, bevor er es überhaupt wusste, geöffnet hatte, begleitet ihn auf dem Weg, den er nun geht.

2021 lernte er Regine Sonnleitner kennen, die ehrenamtlich bei UNSICHTBAR e.V. als Mitglied tätig ist, und erzählte ihr von vielen Ideen, die UNSICHTBAR e.V. bis zu diesem Zeitpunkt namentlich schon zu etwas Besonderem, gemacht hatten, was zahlreiche Menschen kennen und zu schätzen wissen. Auf einer Tour erzählte er ihr von einer Idee, die schon lange in ihm schlummerte, und Regine Sonnleitner war sofort dabei, diese mit ihm umzusetzen.

Sein Gedanke war es, Kinder zu sensibilisieren, um auch ihnen schon frühzeitig zu zeigen, wie das Leben auf der Straße ist. Eine Geschichte, die die Welt dort draußen auf eine besondere Art und Weise erklärt. So entstand die Idee, die Geschichten der Straße liebevoll zwischen zwei Buchdeckel zu packen. Holgers Ideenreichtum und Regines Schreibstil, die Realität liebevoll in Worte zu fassen, war die ideale Mischung zum Buch „Halt‘s Maul, Paul“.

Durch seine Idee ist etwas besonderes entstanden, so wie vieles in seinem Leben schon immer irgendwie besonders war.

https://www.unsichtbar-ev.de

Danksagung

Danke an euch kleine und große Leser*innen, dass ihr es gewagt habt, Paul kennenzulernen.

Ein großes Danke geht an Holger Brandenburg. Du hattest den ersten Gedanken zum Buch und mit vielen Inspirationen, Ideen und haufenweise lustigen Momenten mir den Antrieb gegeben, Paul in Buchform zu bringen.

Ein weiteres Danke geht an das Team von UNSICHTBAR e.V. Denn ohne euch tolles Team, das mir immer wieder das Gefühl gibt, zu einer wichtigen Gemeinschaft zu gehören, wäre es nie möglich gewesen, dieses Projekt überhaupt zu starten.

Ein herzliches Dankeschön an dich, Sinah Pellerei, für die wunderschönen Illustrationen und das perfekte Gesicht, das du Paul gegeben hast. Es hat viel Freude gemacht, mit dir zusammenzuarbeiten.

Danke, Claudia Syguda, Pädagogin und Kinderbuchautorin. Du hast Paul auf seinem Weg auf der Straße mit fachmännischer und ehrlicher Meinung begleitet. Es war sehr wichtig für Paul, dass du bei uns warst.

Danke an dich, Antje Tresp-Welte, Lehrerin und Kinderbuchautorin, für das Testlesen von Paul und die hilfreichen Tipps.

Herzlichen Dank an dich, Edith Gross, Sprachförderdozentin und Bauchrednerin. Du trägst mit viel Herzblut Paul und sein Projekt in die Welt und unterstützt uns mit deiner unerschütterlichen Herzlichkeit.

Danke an all meine Freunde*innen, dass ihr an mich glaubt und mir herzlich zur Seite steht.

Anmerkung:

Die Lebensgeschichten der Einzelnen sowie die Namen der Personen sind fiktiv und haben keinen Bezug zu realen obdachlosen Menschen, die auf der Straße leben.

und nun

ENDE

oder doch ein

WIEDERSEHEN